中国国际减贫中心
IPRCC International Poverty Reduction Center in China

U0651157

巩固拓展脱贫攻坚成果

典型案例国际分享

主　编：刘俊文

副主编：李海金　李　昕　贺胜年

中国农业出版社

北　京

《巩固拓展脱贫攻坚成果典型案例国际分享》
编 写 组

主　编：刘俊文

副主编：李海金　李　昕　贺胜年

成　员：汪宗田　王惠林　李胜蓝　宿党辉　张　锐　罗丽娅

　　　　徐丽萍　刘欢欢　姚　远　刘　珊　戴　丹　刘凤萍

　　　　鲁勇超　李紫烨　游贤梅　黄崇敬　罗　聪　耿学栋

　　　　陈　越　许舒婷　杨锦程　刘静曦　张倩雯　汪楚妍

目　录

第一部分　引　言

第二部分　案　例

第三部分　结　语

第一部分

引 言

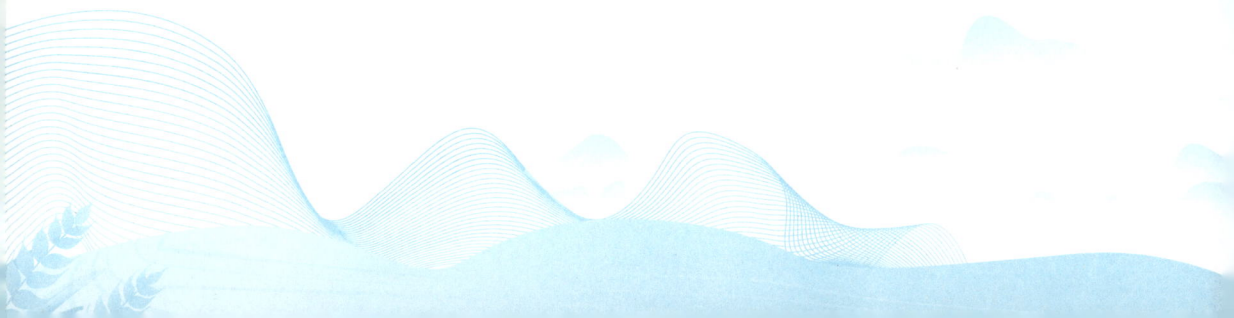

巩固拓展脱贫攻坚成果是全面推进乡村振兴的基础和前提，也是实现中国式农业农村现代化的必经之路。2021 年以来的中央 1 号文件都对巩固拓展脱贫攻坚成果、巩固拓展脱贫攻坚成果同乡村振兴有效衔接等工作进行了专门性政策部署和安排，这表明了巩固拓展脱贫攻坚成果与接续推进乡村振兴的重要性和迫切性。脱贫攻坚战取得全面胜利后，部分脱贫群众的收入水平仍然较低、自我发展能力仍然不强，脱贫地区的发展基础还比较脆弱，遇到自然灾害、疾病、意外事故等情况有可能返贫致贫，巩固成果防止返贫任务仍然很重。巩固拓展脱贫攻坚成果所应对的问题主要是，脱贫地区和人口的内生动力和自我发展能力不强，部分脱贫人口、边缘人口的发展基础不够牢固，在生产发展、生活保障、市场竞争等方面仍然相对脆弱，甚至存在一定程度的返贫风险。为此，巩固拓展脱贫攻坚成果，做好同乡村振兴有效衔接，是"十四五"时期"三农"工作最重要的任务。

巩固拓展脱贫攻坚成果的政策要点主要有：对摆脱贫困的县，从脱贫之日起设立 5 年过渡期，过渡期内保持主要帮扶政策总体稳定。有序推进政策优化调整，推动工作体系平稳转型。在保持主要帮扶政策总体稳定基础上，针对脱贫攻坚期间中央有关部门出台的 200 多个政策文件和实施方案，逐项推进政策分类优化调整，做好同乡村振兴的有效衔接，逐步实现平稳过渡。聚焦重点人群，健全防止返贫动态监测和帮扶机制。精准确定监测对象，将有返贫致贫风险和突发严重困难的农户纳入监测范围，进一步简化识别程序，及早落实社会救助、医疗保障等帮扶措施，早发现、早干预、早帮扶。加强农村低收入人口常态化帮扶，对有劳动能力的，坚持开发式帮扶方针；对没有劳动能力的，及时纳入现有社会保障体系。继续重点强化产业和就业帮扶。促进脱贫人口持续稳定增收，更多依靠发展来积极巩固拓展脱贫攻坚成果。进一步提高衔接资金和涉农资金用于产业的比重，重点支持帮扶产业补上技术、设施、营销等短板，通过产业带动提高脱贫人口家庭经营性收入。通过加强东西部劳务协作、提升帮扶车间、优化公益岗位等多种方式，促进脱贫劳动力就业，确保脱贫劳动力就业规模稳定。

过渡期实行三年多来（2021—2023 年），巩固拓展脱贫攻坚成果工作进度顺利，基本上保持了过去的力度和劲头，体现为标准不降、措施不松、力度不减，守住了不发生规模性返贫的底线，已经形成了早发现早帮扶、动态消除风险的有效机制和办法。一是 2023 年 832 个脱贫县包括脱贫人口在内的农民群众的人均可支配收入达到 16396 元，近三年每年年均增加都在 1200 元左右。而且，脱贫地区农民收入增速高于全国农民平均水平。二是脱贫劳动力每年务工就业规模都保持在 3000 万人以上，只要有就业意愿、有劳动能力的脱贫家庭都有一个人以上实现了就业，实现务工收入占总收入的比例达到接近 70%。三是 832 个脱贫县都已经培育形成了 2 至 3 个以上的特色主导产业，吸纳 90% 以上的脱贫户都参与其中并分享收益。

在此背景下，围绕讲好中国减贫与乡村振兴故事，采取国际化叙事方式开发巩固拓展脱贫攻坚成果案例，对于总结各地巩固拓展脱贫攻坚成果做法经验、展现新时代中国形象、提升中国话语权和国际影响力具有重要意义。一是理论价值。由于典型案例研究能够更好地认识研究对象的复杂性，广泛征集巩固拓展脱贫攻坚成果案例并借助各种研究工具和手段，针对每个案例收集历史的和现实的、定性的和定量的、直接的和间接的、视听的和文本的等各种属性的丰富资料，并通过深入的分析，从复杂的现象中找出带有普遍性、规律性的结论，提炼典型案例中所蕴藏的理论要点，为丰富与拓展中国特色反贫困理论、乡村发展理论和基层治理理论提供案例支撑和实证依据。二是实践价值。由于典型案例研究具有较高的科学性，广泛征集巩固拓展脱贫攻坚成果案例并对其进行深入研究，能够系统呈现全国各地探索创新的基本情况，深入了解乡村振兴先行先试地区在优化乡村发展布局、分类推进乡村建设的有效经验，了解先期脱贫地区在巩固拓展脱贫攻坚成果中的特色亮点，挖掘具有代表性和普适性的做法，有利于对全国范围内在巩固拓展脱贫攻坚成果、全面推进乡村振兴方面的地方实践进行科学的总结，为完善巩固拓展脱贫攻坚成果、全面推进乡村振兴的政策体系和实践工作提供思路和借鉴。三是国际价值。由于典型案例具有传播性强、易于理解等特征，采用国际化叙事方式开发巩固拓展脱贫攻坚成果案例，能够用讲故事的策略和艺术替代传统的说教方式，提高中华文化传播的亲和力和感染力，为讲好中国故事、传播中国声音、展示新时代中国形象、加快构建中国话语和中国叙事体系、提升中国话语的国际影响力提供具体路径，有利于彰显全人类共同价值取向，拓展发展中国家走向现代化的途径，为人类减贫事业提供中国智慧和中国方案。

为此，本项目成果立足讲好中国减贫与乡村振兴故事，对中国巩固拓展脱贫攻坚成果的代表性政策实践进行梳理和研究，掌握巩固拓展脱贫攻坚成果中的普遍规律和中国特色，总结中国巩固拓展脱贫攻坚成果的经验和启示，旨在向国际社会分享中国减贫与乡村振兴方案和智慧。

案例成果的结构体系和逻辑关系。所选案例共分 3 个部分 11 个专题，共计 20 个案例。案例开发以《中共中央 国务院关于实现巩固拓展脱贫攻坚成果同乡村振兴有效衔接的意见》以及 2021、2022、2023、2024 年中央 1 号文件为政策依据，力求完整展现巩固拓展脱贫攻坚成果和全面推进乡村振兴的实践过程、历史进程和关键环节。第一篇为"守住不发生规模性返贫底线"方面的案例。围绕防止返贫动态监测和帮扶，开发河北魏县"防贫保"机制、安徽六安"1＋4"综合保险模式 2 个案例。第二篇为"巩固拓展脱贫攻坚成果同乡村振兴有效衔接"方面的案例。围绕增强脱贫地区和脱贫群众内生动力、易地搬迁后续扶持、脱贫地区产业发展、教育发展、驻村帮扶、东西部协作、社会帮扶等，开发辽宁凌源激发脱贫群众内生动力、湖北宣恩易地搬迁后续扶持、山西云州打造黄花产业、湖南十八洞村文旅融合发展、河南光山槐店乡发展油茶产业、宁夏"互联网＋教育"示范区建设、重庆推进"本土人才回引"工程、东西部医疗帮扶的"京蒙模式"、中国乡村发展基金会支持农民合作社发展、中国华融创新金融帮扶模式、阿里巴巴集团帮扶陕西宜君11个案例。第三篇为"建设宜居宜业和美乡村"方面的案例，围绕乡村产业发展、乡村建设、乡村治理等，开发四川开江党建引领乡村发展、青海东至沟村"三变模式"助推集体经济、江西于都探索富硒产业、山东曲阜多元养老服务、浙江省"千村示范、万村整治"工程、云南元阳文旅融合探索、甘肃陇南民事直说"1234"工作法7个案例。

案例收集方案及所选用案例的代表性。案例收集和开发过程中，始终以习近平总书记"三农"工作、乡村振兴重要论述为遵循，聚焦巩固拓展脱贫攻坚成果核心要点和实践创新，提炼巩固拓展脱贫攻坚成果的中国经验和贡献。一是案例来源的权威性和时效性。所有案例都经过项目组成员对案例来源渠道的权威性、可靠性进行充分求证和确认。大致有四类来源：①刘俊文、邹德文主编的《中国样本：精准扶贫经典案例国际分享》；②国家乡村振兴局发布的《2022年度巩固拓展脱贫攻坚成果同乡村振兴有效衔接考核评估典型经验做法》《社会帮扶助力巩固拓展脱贫攻坚成果同乡村振兴有效衔接典型案例》，全国乡村振兴宣传教育中心（原全国扶贫宣传教育中心）组织编写的《巩固拓展脱贫攻坚成果典型案例选编》，中国乡村振兴发展中心（原中国扶贫发展中心）组织编写的《巩固拓展脱贫攻坚成果同乡村振兴有效衔接优秀案例选》；③农业农村部等发布或出版的《第三批全国农村公共服务典型案例》《全国乡村治理典型案例（四）》《全国乡村治理典型案例（五）》；④人民网等发布的《第五届全国基层党建创新典型案例》。上述案例的初始报告都是近两三年的案例，而且我们在重新开发中根据国际化开发及分享的规范、体例和要求进行改写完善，补充了最新的数据材料，追踪了最新的进展和做法，并进一步提炼了经验启示。二是案例报告的前沿性和鲜活性。在前沿性上，案例在不同维度上直面巩固拓展脱贫攻坚成果中最新的境况和挑战，并针对全面推进乡村振兴进程中的瓶颈、关键难点痛点，提出了新思路、新见解和新路径，能够在思想上站在前沿、在行动上走在前列。在鲜活性上，案例内容运用了鲜活事例以及生动活泼的百姓故事来呈现现实问题，语言准确鲜活、简洁精练，让读者愿意读、能读懂、能悟透、用得上。三是案例开发的启发性和国际性。案例选取和开发力图做到立得住、叫得响、群众认可，可学可用、可复制可推广，经得起实践和历史的检验。重点选取习近平总书记考察调研过的地方，以及获得过该领域的全国性奖励和荣誉称号（如全国脱贫攻坚组织创新奖、全国脱贫攻坚交流基地、全国乡村治理示范点、"中国美丽休闲乡村""全国文明村镇"等）。同时，注重案例的国际化风格和叙事方式。定位上力求以小见大、见微知著，在编写体例、逻辑结构、语言表述等方面强化国际化表达。通过引入鲜活生动的小案例、小故事，展现当事人的实际感受和体会，呈现具有画面感的现实场景。

案例报告的内容设计与编写规范。重点以《中国样本：精准扶贫经典案例国际分享》和《巩固拓展脱贫攻坚成果典型案例选编》为范本，并参照"第一至四届全球减贫案例征集活动"最佳案例，形成案例报告。案例报告主要包括标题、摘要、关键词、背景、项目实施和成效、经验与启示几个部分。其中，标题要反映案例的中心思想尤其是涉及巩固拓展脱贫攻坚成果的主题和创新做法。如必要，可设副标题，一般由事件发生地与事件关键词组成。摘要是对案例主题所面临的突出问题和核心挑战、主要做法及成效、经验与启示等的高度概括。关键词由 3 个左右与案例名称及核心内容密切相关的词语组成。案例正文由三部分组成：一是背景，围绕案例的核心主题，介绍案例发生地的基本概况和案例事件发生发展的背景情况，深入描述与分析面临的主要问题和矛盾等；二是项目实施和成效，根据案例的类别和特点，按照时间顺序、内容切块、工作步骤、过程事件等，重点陈述案例事件发生的经过、案例所涉及的创新性做法、实际成效等；三是经验与启示，总结与提炼案例所蕴含的带有普适性、规律性的认识和启示，回应国际减贫与发展领域的关键问题难题。案例的编写规范：①选用案例要具有代表性和可推广性。②要素齐全、观点鲜明、逻辑清晰，文字流畅，通俗易读。③案例内容多引用鲜活故事和感人事例。④数字、数据、信息等要确保准确性和真实性。

在巩固拓展脱贫攻坚成果案例报告之后，课题组还从巩固拓展脱贫攻坚成果案例的呈现样态、宣传推介、国际分享三个层面，探讨与提出巩固拓展脱贫攻坚成果案例的国际分享和传播路径。

第二部分

案 例

第一篇 >>>

守住不发生规模性返贫底线

临贫设防　返贫即保

——河北省魏县创新建立"防贫保"机制

案例类型：防止返贫动态监测和帮扶

关 键 词：防止返贫动态监测；"防贫保"；政企合作

摘　　要：在巩固拓展脱贫攻坚成果过程中，河北省魏县创新引入商业保险做法，探索解决防止返贫问题。魏县针对"非高标准脱贫户、非贫低收入户"等重点对象，由政府和保险公司合作打造精准防止返贫保险，形成了政府收集信息—太保财险调查核实—乡镇任务办理—村庄评议公示—防止返贫工作办公室审批备案—太保财险发放资金的环环相扣、衔接顺畅、高效快捷的运转流程，实现了"防返贫、控新增"全覆盖，树立了"帮扶不养懒"的良好导向，致贫返贫问题得到有效防止。

一、背景

魏县曾经30多年为国家扶贫开发工作重点县，也是典型的农业大县，防范化解规模性返贫风险的任务很艰巨。该县人口超过百万，贫困人口曾经达到 10 万人。脱贫攻坚战打响初期，魏县减贫工作虽然取得显著成效，但两类对象值得引起关注：一是有的已脱贫户"不愁吃、不愁穿、保障义务教育、基本医疗和住房安全"的问题已经解决，但收入不稳定，一旦家庭成员发生大病或子女考上大学或出现失火、被盗等意外情况，很容易返贫。二是有的非贫困户虽然不符合建档立卡条件，但家庭收入处于贫困线边缘，一旦发生因病、因学、因灾等特殊情况，极容易致贫。为此，邯郸市政府在深入调研的基础上，用"试验的方法"探索解决脱贫攻坚中出现的返贫难题，首选该市所辖的魏县、馆陶县进行试点。2017 年 6 月，邯郸市扶贫领导小组下发《关于开展精准防贫试点工作的实施意见》，中国太平洋财产保险公司对接政府和防贫需求，参与魏县试点工作。截至 2022 年，魏县创新建立的"防贫保"机制，被全国 16 省（自治区）160 县（市、区）广泛复制，为防止返贫动态监测提供了可借鉴的实践样本。魏县精准防贫案例入选第一届"全球减贫案例征集活动"最佳减贫案例，进入南南合作减贫知识分享网站——中外减贫案例库及在线分享平台，为全球减贫贡献中国经验。

二、项目实施和成效

（一）怎么防——政、保联手，引入商业防贫保险

魏县大胆尝试政府购买商业保险防贫，但商业保险大多"保到人头"，最多"只保一家"。而突然致贫、返贫对象很难固定，魏县农村人口高达 80 万人，理赔对象很难事先确定到"具体人"。

为此，魏县先后与中国太平洋财险、中国人寿财险等多家保险公司协商洽谈，最终与中国太平洋财产保险公司达成协议，合作创设"精准防贫保险"，即由县财政拿出 400 万元作为防贫保险金，按每人每年 50 元保费标准，为全县农村户籍人口 80 万人的 10% 购买保险，通过购买"第三方"服务，借助保险公司专业化手段，实施入户勘察核算，负责对经综合

认定符合条件的防贫对象发放保险金。该保险最大的特点是：不针对"一个人"，而是"一类人"，且财政投入的保费，以一年为期限，"多退少补"，"余额结转下一年度"使用。

防贫保险制度实施以来，魏县共监测相关对象 13383 人，纳入防贫救助 1084 人，支付救助金 1430 万余元。防贫机制实施当年，全县新增贫困户 42 户，比往年下降 98.6%；返贫户 35 户，比往年下降 86%。2018 年贫困县摘帽以来，没有出现一例新增返贫、致贫对象。2020 年新冠疫情发生以来，全县"因产业返贫""因就业返贫"已赔付 17.8 万元，全县未新增一户致贫返贫对象。

（二）为谁防——针对"两非户"，划定"两条线"

所谓"两非户"：第一类是"非高标准脱贫户"，即已经达到脱贫标准，但收入不够稳定，一有变故很容易返贫的户；第二类是"非贫低收入户"，即不符合建档立卡条件、但家庭收入处于贫困线边缘的户。

所谓"两条线"：第一条线是"预警监测线"，即通过对全县农村人口近三年医疗、就学、灾情、产业、就业等方面的情况，进行"大数据"分析研究之后确定。以"因病"防贫为例，只要生病住院自费额达到划定的标准，就纳入防贫监测范围。第二条线是"防贫保障线"，以当年农村扶贫标准的 1.5 倍确定。凡是家庭年人均可支配收入低于这条线的，就纳入防贫监测范围。

魏县财政首先投入 400 万元设立防贫保险，名义上框定的是农村 10% 的返贫、临贫风险人口"8 万人"，实际上覆盖了 80 万农村人口，因为这不是某一个人，而是一类人。因病、因学、因灾返贫的险情发生后，保险公司立即启动防贫理赔。这种"不记名投保、实名制理赔"的事后到户、到人的办法，不需要繁杂的事先识别，实现了从"框定人口"中瞄准了"两非户"，从"两非户"中赔付了"已经发生"的贫困户。魏县通过财政资金投保，集合多数人的保费，补偿已发生的少数人的损失，实现对

"两非户"覆盖性兜底。

（三）防什么——瞄准五大重点，实施"3＋2"防贫

一是瞄准"因病""因学""因灾"3项致贫返贫高发因素，将有关对象及时纳入防贫序列。

二是2020年新冠疫情发生后，在"因病""因学""因灾"3项致贫返贫因素的基础上，扩展"因产业""因就业"2种类型。为此，县财政增加拨付290万元保费，专项用于"2因"防贫：①"因产业返贫"。扶贫微工厂保费约20万元；农业扶贫产业保费约20万元；全县"两非户"产业保费约220万元，三项计260万元。②"因就业返贫"。以县内外务工人员为对象，按务工总数10％的比例，确定3万人基数，为每人每年购买10元保费，计30万元。

以上5项，由保险公司按照协议期限、保障范围等进行承保、理赔，自负盈亏，形成精准防贫"3＋2"模式框架。每一类防贫对象在救助补偿上划分不同区间，按年结算，经过系统审查、评议等程序认定后，给予救助补偿。

（四）谁来防——政府主导、四方联动抓落实

魏县成立了防贫工作领导小组，防贫办设在县扶贫办。坚持县、乡、村、太保财险四方联动，明确分工、各有侧重，相互配合、密切协调，形成了政府收集信息—太保财险调查核实—乡镇任务办理—村庄评议公示—县防贫办审批备案—太保财险发放资金的环环相扣、衔接顺畅、高效快捷的运转流程。

（1）信息收集。由政府相关部门按照因病、因学、因灾、因产业、因就业不同监测线，框定防贫对象并将其相关信息（包括致贫返贫原因、实际支出费用等）报告防止返贫办公室。

（2）情况交办。防止返贫办公室接到相关信息后，以委托书的形式转

交"第三方"（中国太平洋财产保险公司）逐一调查核实。

（3）调查核实。中国太平洋财产保险公司依据防止返贫办公室提供的核实名单，组织专业人员进村入户，提出调查取证结果报告，并进行结果反馈。

（4）结果交办。防止返贫办公室以乡镇为单位，进行任务转办，实施评议、公示。

（5）评议公示。由涉及乡镇按村进行任务分解，对调查结果进行评议、公示，无异议的，将人员名单连同评议记录、公示照片等交至乡镇，再以乡镇为单位上报县防贫办公室。

（6）审批备案。县防贫办公室负责对有关乡镇上报结果进行审批、备案，并通知中国太平洋财产保险公司发放防贫保险。

（7）资金发放。由中国太平洋财产保险公司对照审批名单，采取集中发放与进村入户相结合的办法发放保险金，由银行工作人员当场激活，并将有关凭证上报县防贫办存档。

同时，为防止因防贫对象监测不全面出现漏查、漏报，县防贫办印发"防贫政策告示"张贴到各村，并在各村设立防贫工作站，乡镇设立联络员，接受群众咨询、申报。此外，在保险公司设立防贫专柜，在银行设立绿色通道，最大限度为办理群众提供方便。

"3＋2"防贫保险制度实施，魏县实现了"防返贫、控新增"全覆盖，让脱贫户在享受现有扶贫政策的同时又多了一层保障，提高了脱贫致富积极性。

60岁的张印，是后闫庄村的村民，2020年一场重病花了10多万元，刚刚脱贫的家庭面临返贫风险。县防贫办监测到相关信息后，给他送去了4万多元的"防贫保"赔付金，并帮他办理了低保手续。同时防贫机制不发福利，不给股份，客观上引导了靠内生动力脱贫的风气。

大庄村村民张林峰养猪，新冠疫情期间，6头大肥猪全死了。正在他发愁之际，"防贫保"送来了 6700 多元的产业脱贫保险赔付金，帮他挽回了经济损失。他说："有防贫保兜底，'干'得很放心。"

2018 年魏县脱贫摘帽后，没有出现一例新增返贫、致贫对象，致贫返贫问题得到有效解决。

三、经验与启示

（一）精准防贫，有效识别是基础

防贫工作需要"有贫必扶"，首先就要有效识别政策帮扶对象，精准把握帮扶对象因何致贫、因何返贫。为此，政府需要通过开展立体化、分层级的识别工作，有效识别返贫边缘户，进而针对不同群体寻找有针对性的扶持措施。同时，政府在广泛调研的基础上，坚持问题导向，精准识别帮扶对象的返贫原因，做到有针对性，在获得基层民众认可的基础上，使防贫工作具有较强的执行力。魏县经过调查分析，"两非人群"致贫返贫的原因集中表现为因病、因学、因灾、因产业、因就业，这 5 类因素占致贫返贫的 90% 左右，其中因病的比例超过 60%。有了这些问题导向，就能明确各项具体险种，不是一刀切，而是接地气，使防贫工作具有很强的针对性。因而，在实施过程中得到基层普遍认同，呈现出很强的执行力。

（二）精准防贫，联合帮扶是重点

脱贫地区的稳定脱贫与长效防贫不仅需要当地村庄和农民的大力支持与积极参与，更重要的是要形成地方政府、企业组织、乡村社会等的联动合作机制，形成工作合力，实现防贫工作高效运转。过去贫困识别建档立卡，需要面向所有人口，开展进村入户调查，这种识别手段虽然精准程度较高，但行政成本也较高。同时，非高标准脱贫户和非贫低收入户群体数量大、变动频繁，如延续全面入户调查、申请审核、补贴发放等工作，单靠政府力量很难短时间完成。魏县在实施精准防贫机制后，改变以往的贫困人口识别救助方法，从"事先确定"转为"事后审定"，大数据从上到下筛选和基层群众从下到上申报相结合，精准锁定群体，工作量大幅降低，这种低成本、高效率的方法，为如何解决相对贫困问题提供了一条值得借鉴的路子。

（三）精准防贫，体现公平是关键

原有扶贫政策使贫困线以下能享受扶持政策，而刚刚跨过贫困线的非贫困户则不能享受。同在一村一组，家境相差不大，但"卡内"与"卡外"，得到的实惠却大不一样，容易引发新的社会矛盾。精准防贫机制，提供了对边缘户的政策支持，弥补了政策"空白点"。这些人在遇到困难和变故时，能够及时得到"防贫保"的救助，以免陷入贫困，体现了"有贫必扶"的原则。同时，也减少了攀比心理，促进了社会和谐建设。魏县通过设立防贫保，查勘、理赔政府不直接操作，由第三方专业机构实施，请专业人做专业事，不仅提高了工作效率，达到了"少花钱、多办事"的目的，而且使干部由操作者变为监管者，避免了优亲厚友等问题发生，确保操作公平公正，降低了廉政风险。

以商业保险编织防止返贫和增收致富"安全网"

——安徽省六安市"1＋4"综合保险模式

案例类型：防止返贫动态监测和帮扶

关 键 词：防止返贫动态监测；金融帮扶；商业保险

摘　　要：安徽省六安市为巩固拓展脱贫攻坚成果、有效防范化解返贫致贫风险，面向脱贫群体实施以特色种养产业发展保险为主，附加农产品价格保险、政府救助责任保险、务工损失补贴保险和教育升学补贴保险为辅的"1＋4"综合保险模式——"防贫保"。"防贫保"的实施，既能有效防范脱贫群体因自然灾害、市场波动、意外伤亡、失能失业等陷入经济困境，又缓解了脱贫群体发展产业的后顾之忧，为脱贫群体构建起更为系统的生产发展"安全网"。

一、背景

六安市位于安徽省西部，素称"皖西"，是安徽省脱贫人口最多、分布面积最大、巩固拓展脱贫攻坚成果任务最重的地区之一。作为农业产业大市，六安市大力扶持脱贫户发展特色种养业，实现户均年增收 3500 元以上，充分发挥产业发展在推动脱贫群体增收致富中的重要作用，但产业发展极易遭受自然灾害、病虫害等因素影响，一旦遇到风险，不仅会导致减产减收，甚至可能造成"因灾致贫""因灾返贫"，特别是近年来非洲猪瘟、草地贪夜蛾、高温干旱天气等相继危害，对脱贫户产业发展造成较大冲击。为进一步巩固拓展脱贫攻坚成果，六安市在发挥保险防止返贫功能上积极探索新思路、新模式，建立起防范脱贫群体因自然灾害、市场波动、带动断链、失业和家庭变故等原因造成的返贫致贫风险的"1＋4"综合保险模式，着力增强脱贫群体发展动能，坚决防止因灾致贫返贫，进一步完善防止返贫动态监测和帮扶机制。

二、项目实施和成效

（一）坚持"三个精准"，打出综合保险"组合拳"

一是精准把握脱贫群体需求。六安市作为农业产业大市，农业产业发展在巩固拓展脱贫攻坚成果中发挥了关键性作用，但产业发展一直面临自然灾害等风险。另外，除产业发展面临的自然灾害、病虫害等风险外，市场波动以及失业、家庭变故、升学负担等也是导致脱贫群体返贫致贫的重要因素。针对这一实际，"防贫保"以产业发展保障为主，同时对脱贫人口发生农产品价格下跌、产品滞销、意外伤害、劳动力丧失、短期失业、升学负担等情况提供综合保障，精准对接了脱贫人口的多元化需求，在巩固拓展脱贫攻坚成果的重要关口十分必要。

二是精准把握重要时间节点。"防贫保"以脱贫人口和农村低收入人口为对象，包括脱贫不稳定户、边缘易致贫户，以及因病因灾因意外事故等刚性支出较大或收入大幅缩减导致基本生活出现严重困难户。在推进巩固拓展脱贫攻坚成果同乡村振兴有效衔接的重要阶段，针对此类脱贫人口抵御风险能力不强、返贫致贫因素依然存在的实际，推广"1＋4"综合保险模式，有利于防范化解返贫致贫风险，有效减少因灾、因病、因学返贫致贫现象，提升脱贫人口生产经营积极性和自我发展能力。

三是精准选择保险服务方式。"防贫保"综合保险是以产业发展保障为主，以具体风险事件发生为触发条件的保险，直接指向遭受风险的家庭和个人，及时实现损失填补，实现了从"事后救济"向"事前投保"的转变，既能够避免脱贫群体因突发事件陷入严重经济困境，又不会造成过度帮扶，可有效减少依赖性的问题。

（二）坚持"三个统一"，跑出增收致富"加速度"

一是统一保障内容。"防贫保"采取"1＋4"综合保险模式，平均每年每户保费为135.9元，2022年"防贫保"承担风险保障总额5141亿元。"1＋4"："1"即特色产业保险，是"防贫保"主要险种，主要补偿发展产业过程中因自然灾害、病虫害等导致的种植作物减产和养殖动物死亡造成的经济损失。"4"即四项民生保障保险，是"防贫保"辅助险种。其中，农产品价格保险规避农产品上市时发生的价格下跌、农产品滞销等风险；政府救助保险规避脱贫群体遭遇自然灾害和意外事故造成的人身伤亡风险；务工损失补贴保险规避脱贫群体短期失业、意外事故或因家庭变故造成的劳动力丧失等风险；教育升学补贴保险针对家庭成员当年被高等院校录取造成经济负担加重的情况给予一次性教育升学补贴金。

二是统一步骤实施。坚持高位推动、市县联动，制定工作推进路线图和时间表，各县区于每年5月底前全面完成该年度保险投保任务。同时，督促财产保险公司等不断完善保险方案和承保理赔、资金管理等制度，确保"防贫保"在防止因意外事件返贫致贫上发挥有效作用。另外，六安市还组织调研走访农户，摸清脱贫户和监测帮扶对象的产业发展及家庭人口等情况，着力推进承保工作高质量开展。

三是统一理赔服务。按照"精准投保到户＋快速理赔"要求，各县区在组织投保时由乡镇深入脱贫户逐户采集信息，制定投保清单详细列明被保险人的投保信息，落实"一户一单"，确保精准投保到户；在乡村设立协保员，由保险公司统一培训，发生风险时，由村协保员使用统一App收集理赔材料，坚持"两公示三到户"（承保公示、理赔公示、查勘到户、定损到户、直赔到户），做到受理工作简单高效、快速理赔。

（三）坚持"三个对接"，实现综合效益"最大化"

一是对接产业发展。六安市根据政策变化和实际情况，动态调整参保对象、保险品种、费率水平和保费补助标准等，并开辟"绿色理赔通道"，及时衔接保险公司主动收集材料为农户办理承保理赔兑付，简化理赔流程，优化服务和提高效率。一笔笔保险救助，不仅降低了脱贫群体返贫致贫风险，而且极大地提升了他们发展产业、生产致富的主动性。"多亏了国家的好政策，把我的损失降到最低限度，这更加坚定了我继续从事养殖业的信心。"六安市霍邱县脱贫户林大中说。"防贫保"既让脱贫群体发展产业有了底气，也充分展现了该综合保险保障全面、应对有力、赔付及时、运转高效的显著特点。

二是对接防范返贫。受台风影响，六安市裕安区西河口乡锅棚店村茭白种植严重受损，脱贫户面临返贫风险，当地及时开展理赔，快速、足额给予赔付，有效帮助脱贫人口恢复生产。受新冠疫情影响，部分脱贫户农产品出现价格下跌、滞销，六安市在积极助销农产品的同时，及时启动"防贫保"赔付机制，全市农产品价格保险理赔 14.4 万元，特色种养产业发展保险理赔 50.8 万元。"防贫保"有效提高了脱贫户和监测户应对自然灾害、大病医疗、人身意外、失业、教育升学、经济履约等风险的能力，为筑牢脱贫群体"防护堤"发挥了重要作用。

三是对接乡村振兴。实施"防贫保"不仅为脱贫人口抵御产业发展风险提供了保障，也为乡村振兴中的产业振兴探索了经验。一方面，通过引入社会力量，实现"防贫保"与农业保险、产业帮扶深度融合，变"输血"为"造血"，有效提升了广覆盖、快理赔、高质量的保险服务水平；另一方面，六安市聚焦乡村振兴需求，统筹整合财政涉农资金，有效放大财政资金使用效益，打造了巩固拓展脱贫攻坚成果的新旗帜。2022 年，"防贫保"全年赔付各类受灾群体 1.35 万户次、703 人次，已赔付金额和未决金额合计 2286.4 万元。

三、经验与启示

（一）建立健全防止返贫动态监测和帮扶机制

防止返贫致贫是一项持久且复杂的任务，它要求持续投入，建立并不断完善一套有效的防止返贫动态监测和帮扶机制。在这一过程中，六安市的"1＋4"综合保险模式为我们提供了宝贵的经验和启示。该综合保险模式在脱贫群体发展产业遭遇风险时，能够迅速、精准地启动防贫机制。无论是自然灾害、市场风险还是社会因素导致的返贫致贫风险，该保险都能确保脱贫群体及时获得保险理赔，从而有效减轻经济损失，显著提升他们抵御风险的能力。此外，针对常规帮扶无法完全保障脱贫群体不再返贫致贫的情况，六安市还采取了二次帮扶和多渠道帮扶的策略。这意味着，在发现脱贫群体仍有返贫风险时，相关部门会立即启动更为深入和全面的帮扶措施，如防贫补充保险、长期护理险等，以确保脱贫成果得到长期巩固。更为重要的是，六安市通过构建动态监测系统，对脱贫群体进行实时跟踪和评估。一旦发现返贫致贫风险，系统会立即触发预警机制，并启动相应的帮扶措施。

（二）探索脱贫群体自主发展的新机制

激发脱贫群体斗志是推动巩固拓展脱贫攻坚成果同乡村振兴有效衔接的根本动力，而自然灾害、市场风险和意外变故等风险因素一直是脱贫群体缺乏开展生产经营、就业创业、教育培训等投资活动积极性的重要原因。六安市"1＋4"综合保险模式对症施治，在自然灾害发生时，及时为脱贫群体提供经济补偿，弥补因灾造成的经济损失，保障其基本生活不受影响，这样一来，既为产业发展装上了"保险锁"，也让脱贫群体吃下了"定心丸"，弥补了脱贫群体因灾造成的经济收入减少，为其重新投入生产提供了保障，缓解了脱贫群体发展产业的后顾之忧，进而有效激发了脱贫群体自主增收致富的积极性和主动性，使他们更加愿意投资于生产经营、就业创业和教育培训等领域，这不仅提升了脱贫群体的自我发展能力，也为乡村振兴注入了新的活力。

（三）创新解决返贫致贫问题的市场机制

在加大政府投入的同时，灵活采用市场化运作的方式，能够起到事半功倍的效果。六安市"1＋4"综合保险模式通过财政资金补贴保费的方式，极大地激发了保险公司研发设立针对返贫致贫问题的保险产品的积极性。政府资金的引导不仅确保了保险产品的普惠性和可持续性，还促使保险公司运用市场手段，针对返贫致贫风险研发出多样化的险种，如农业保险、特色农产品保险、人身意外伤害保险等，从而构建起"1＋4"全方位的综合保险保障体系。通过"政府＋市场"的方式，六安市政府能够更有效地利用财政资金，并且能够引导保险公司发挥专业优势，共同为脱贫群体提供更加全面、精准的保障服务，充分发挥金融保险的风险转嫁与分散、经济补偿与给付功能，这既让政府和群众都能承受，也避免了过度保障的现象，可以有效降低脱贫群体因病、因残、因意外等返贫致贫风险，为巩固拓展脱贫攻坚成果同乡村振兴有效衔接提供了保险制度的兜底性支撑。

第二篇 >>>

巩固拓展脱贫攻坚成果同乡村振兴有效衔接

"五比一奖"引领乡风文明风尚

——辽宁省凌源市激发脱贫群众内生动力新探索

案例类型：增强脱贫地区和脱贫群众内生动力

关 键 词：内生动力；"五比一奖"；乡风文明

摘　　要：为激发脱贫户内生发展动力，辽宁省凌源市改革脱贫产业收益和帮扶资金分发到户方式，依托产业收益和财政资金创新开展"五比一奖"活动。通过将产业发展、就业务工、居住环境、孝老爱亲、遵规守法量化赋分，实现激励与约束的双向互动。依托政策执行的组织效能，将"五比一奖"与乡村精神文明建设、社会综合治理相结合，按照定劳、分类、入户、设岗、评比、兑现"六步法"实现活动有序有效地推进开展。以脱贫产业发展和财政资金投入为抓手，保障奖补资金足额到位，建立产业工业园区，设立公益性岗位，为脱贫人口参与"五比一奖"提供便利条件，切实实现了巩固脱贫成效与形成文明风尚的协同推进。

一、背景

辽宁省凌源市位于辽冀蒙三省（自治区）七县（市）交界处，总面积3278平方公里，辖22个乡镇、6个街道，248个行政村（含5个村改居社区），总人口65万人。全市14420户28662人顺利实现脱贫，但长期以来受身体条件、社会环境及生活习惯等因素制约，大部分脱贫户存在思想观念落后、精神消极、自身发展动力不足等问题，主要表现为：一是对政府、乡村干部缺乏信任，对巩固拓展脱贫攻坚工作不理解、不支持，对政府依赖性较强，"等靠要"思想较重；二是脱贫户之间存在"争当贫困户"攀比心理，"以贫为荣"思想较重；三是部分脱贫户目光短浅，安于现状，不思进取，甘于落后，"得过且过"思想较重。

针对脱贫户中存在的消极因素，凌源市在充分调研的基础上，改变以往把扶贫产业收益和帮扶资金直接分发到户的做法，在脱贫人口中创新开展扶贫扶志"五比一奖"活动。通过高强度引导、宣传和教育，动员广大脱贫人口承担起家庭和社会责任，主动参与活动，按评比结果，差异化获得"五比一奖"资金，通过自身努力增加家庭收入。通过活动，彻底剜除了脱贫群众的思想"沉疴"，有效激发了脱贫户内生动力，走上致富共富之路。

二、项目实施和成效

（一）激励与约束并重，结合实际设置"五比一奖"内容

为使"五比一奖"活动既能对脱贫户起到引导激励作用，又能针对不良现象起到规范约束作用，同时还要简单好记、便于脱贫户参与，凌源市将"五比一奖"内容确定为：一比产业发展、二比就业务工、三比居住环境、四比孝老爱亲、五比遵规守法；另外再根据全年表现额外设置奖励内容。

一比产业发展。要求脱贫户经营或参与产业项目并获得产业收益。目的是引导有能力、有条件的脱贫户不等不靠，自主发展产业项目，既能加强产业减贫作用，又能提高脱贫户自主发展能力。

二比就业务工。要求脱贫户通过就业创业、外出务工、打零工、参加公益性岗位等方式获得劳务收入。目的是让有劳动能力和弱劳动能力的人口不当"懒汉"，通过劳动获得收入。

三比居住环境。要求居住房屋安全、没有破损，室内外和房前屋后干净整洁。目的是促使脱贫户家庭改善卫生状况，养成较好的生活习惯，提振精神面貌。

四比孝老爱亲。要求脱贫户子女能够履行赡养老人义务，家庭和睦，供养义务教育学生，与邻里和谐相处。目的是促进脱贫户子女赡养老人、树立良好家风。

五比遵规守法。要求脱贫户知晓资助标准和政策举措，无违反村规民约、违法违纪、非法上访行为，不参与"黄赌毒"和邪教组织、不野外用火、不借婚丧嫁娶大操大办等。目的是加强约束、规范行为，激励脱贫群众感恩奋进。

"一奖"，是针对"五比"中表现突出的、参与人居环境整治等公益性岗位的、为村里建设发展作出贡献的，按实际情况额外给予奖励。

（二）有序与有效并重，"六步法"推进活动开展

为有序、有效地组织群众参与活动，凌源市组织乡、村两级，围绕"两个结合"，将"五比一奖"活动开展与推动乡村精神文明建设相结合、与社会综合治理相结合，让活动不仅能激发群众内生动力，还能促进乡村精神文明提升以及治理村屯环境、打造平安村等社会综合治理水平的提升。采取"六步法"全面铺开，深入推进。

第一步：定劳。组织包村领导、村干部、第一书记和驻村干部，按照劳动力、弱劳动力和无劳动力，逐户核准脱贫人口劳动力情况。

第二步：分类。将有劳动力的脱贫户定为一类户，参与全部 5 项评比。将有弱劳动能力的定为二类户，参与 4 项评比，产业或务工可根据实际情况选择其中一项，后 3 项全部参与。将无劳动能力的定为三类户，只参与后 3 项评比。这样做既考虑到了群众实际情况，又能最大限度激发群众潜能和积极性。

第三步：入户。针对三类户，分别下发告知卡，再组织村干部、第一书记、驻村干部和结对帮扶干部入户做好讲解、动员；同时，每季度入户一次以上，督促、检查活动成效。一是讲解活动内容，动员脱贫户参与。二是调整评比具体内容，根据脱贫户实际情况，删除脱贫户无法参与评比的内容，让群众觉得合情合理。三是讲清活动要求，根据群众参与活动情况进行赋分，促使群众通过多得分拿到更多奖励资金。四是身份转换，站在引导和帮助的角度，去教脱贫户怎么参与，用什么方法能得满分，哪些地方需要努力才能拿到更多的分。比如，脱贫户家里有条件搞养殖的，就帮助研究发展养殖项目；脱贫户家里卫生条件差的，就建议把卫生搞上去，才能拿到得分。

第四步：设岗。通过入户，对缺乏就业渠道、有就业能力和意愿的脱贫人口，结合人居环境整治、防火、防汛等农村实际工作需要，有针对性地开发保洁员、护林员、水管员、宣传员、信息员等公益性岗位，安置脱贫人口上岗劳动。同时严格管理，防止发生通过公益性岗位变相发钱等问题。

第五步：评比。组织召开村"两委"扩大会议，根据脱贫户在"五比"活动中的日常表现和最终效果，进行评比、赋分、核算资金；评议出"一奖"名单、核算资金。及时将评比评议结果在村、组公示。

第六步：兑现。公示无异议后，为脱贫人口兑现"五比一奖"资金。资金来源主要是整合产业扶贫项目收益、村集体经济收入、帮扶和捐赠资金等。另外，对脱贫户参与"五比"表现不好的，尤其是对脱贫户好吃懒做、"等靠要"、不赡养老人等群众意见较大的，除了拿不到兑现资金外，还利用村民代表大会、公开栏等多种形式进行通报，同时进行批评教育。

（三）产业与投入并重，资金保障足额到位

推进"五比一奖"活动深入开展，离不开资金的支持。为此，凌源市坚持两手抓，一手抓产业发展，一手抓本级财政投入，确保资金及时到位。

一是做大做强特色优势产业。该市重点深入推进产业结构调整，因地制宜做大做强特色优势产业，在推进农业提质升级、工业转型升级、服务业创新升级和强化对扶贫产业项目的管理上狠下功夫，达到增产业促就业。大力发展菜花畜果农业主导产业，做优农业品牌、做强农产品深加工，做好产业链延伸，做大农村电商，为农业产业可持续发展和农民可持续增收增添动能。2021年投资3800万元，新建产业项目6个，其中市级设施农业产业园5个、光伏项目1个，9月底投产达效，年收益率均在8%以上；投资500万元用于发展到户产业项目，实现到户项目全覆盖，有效带动脱贫人口及其他监测对象增收。

二是加大本级财政投入力度。把企事业捐赠、财政支持产业发展等方面资金投入所形成的资产收益纳入巩固脱贫成果资金来源。从全市乡镇财政收入增加部分拿出10%，作为专项资金，由乡、镇、街结合本地实际，统筹设置卫生保洁员、卫生监督员等6类1242个公益岗，岗位人员每人每年增收2400～3600元。在增加务工收入的同时，为脱贫人口参加"五比一奖"提供便利条件。

（四）转变与认可并重，巩固脱贫成效与形成文明风尚协同推进

"五比一奖"活动在全市范围内深入开展，脱贫人口实现稳岗就业。加大对脱贫人口职业技能培训力度，一部分劳务输出，一部分当地就

业，同时以现有社会保障体系为依托，促进弱劳动力、半劳动力等家庭就近就地解决就业。深挖行业资源，安置行业公益岗 222 人，投资 1051 万元作为村级公益岗位补贴资金，结合村屯环境整治，安置村级公益岗 7669 人，实现有劳动能力且有就业意愿的人员就业率 100％目标。全面提升医疗、教育、住房保障、饮水安全、基础设施建设，确保脱贫成果持续巩固。

"五比一奖"活动的开展，切实激发了脱贫户内生动力，让以往的"等靠要"变成了"比赶超"。下一步，凌源市将继续深入开展"五比一奖"活动，引导群众转变观念，树立信心，承担起家庭和社会责任，更加积极主动地参与到自主劳动致富行列中。

三、经验与启示

（一）注重激发脱贫群众内生动力

转变脱贫群众"等靠要"思想，由"要我干"转变为"我要干"。"五奖一比"活动通过建立奖励联结机制，引导有劳动能力的脱贫户自主发展产业、主动参与就业，有力提高了脱贫群众自主劳动收入。

（二）践行孝老爱亲，注重弘扬传统美德

孝老爱亲是中华民族的传统美德，是乡风文明的重要体现。通过选树先进典型、宣传先进事迹，让传统美德深入人心、蔚然成风，这对推进和美乡村建设、筑牢乡村振兴的文化根基具有重大而深远的意义。凌源市通过弘扬孝老爱亲的优良品德，树立起尊老爱幼的良好家风，有效增强了群众的责任意识，营造出"传承孝文化、引领新风尚"的孝老爱亲浓厚社会氛围。

（三）摒弃传统不良陋习，弘扬新风正气，提升乡村文明

凌源市以遏制婚丧陋习和不良社会风气、推动农村社会风气向善向上

向好转变为抓手，破除农村陈规陋习，引导广大群众树立节俭、文明、健康、科学的生活方式，推动社会主义核心价值观在乡村社会落地落实落细。群众通过参与活动，提升了脱贫成效，农村精神文明程度不断提升，出现了一批精神面貌焕然一新的典型人物和事迹。

奋力书写易地搬迁"后半篇文章"

——湖北省宣恩县易地搬迁后续扶持实践

案例类型：易地搬迁后续扶持

关 键 词：易地搬迁后续扶持；增收致富；社区治理

摘　　要：易地搬迁是解决一方水养不好一方人、实现贫困群众跨越式发展的根本途径，既要抓好安置点建设和搬迁工作，更要抓好搬迁后的长效机制建设。湖北省宣恩县在建设易地搬迁集中安置点的基础上，注重加强易地搬迁安置点社区治理体制机制建设，注重完善配套公共服务和产业就业项目设施，注重激发群众内生动力实现自我管理，全力破解"稳得住""能融入""如何富"三大难题，让易地搬迁群众不仅住有所居，而且业有所扶、幼有所育、学有所教、病有所医、老有所养，扎实写好了易地搬迁"后半篇文章"。

一、背景

宣恩县位于湖北省西南边陲的革命老区，辖9个乡镇147个村17个社区，总人口36.2万人，其中易地搬迁9579户33945人。为解决"一方水土养不好一方人"的问题，宣恩县在充分尊重搬迁群众意愿的基础上，按照"靠近县城和集镇、靠近中心村、靠近景区、靠近工业园区、靠近福利院"五个靠近原则，共建成56个易地搬迁集中安置点，集中安置易地搬迁人口。易地搬迁不仅要解决搬迁群众安全住房问题，更要确保他们稳得住、能致富，守牢防止规模性返贫底线。因此，解决好易地搬迁后续扶持问题，是巩固拓展脱贫攻坚成果的重中之重。宣恩县为帮助易地搬迁群众尽快融入安置点新的生产生活，率先试行易地搬迁安置点社区治理体制机制建设，不断完善配套公共服务和产业就业项目设施，激发群众内生动力，创新农村社区管理和防返贫监测体制，全力破解"稳得住""能融入""如何富"三大难题，让易地搬迁群众不仅住有所居，而且业有所扶、幼有所育、学有所教、病有所医、老有所养，扎实写好易地搬迁"后半篇文章"。2020年11月，宣恩县易地搬迁模式被国家发展改革委办公厅评为全国"十三五"搬迁工作"成效明显县"。

二、项目实施和成效

（一）创新安置点服务方式，力求"稳得住"

一是创新推行"1+6"配套建设模式。以方便搬迁群众的生产生活为目的，按照社区建设标准，参照村级服务事项、服务流程，每个集中安置点配套建设1个社区服务中心、1个就业创业空间、1个标准卫生室、1个文体活动广场、1个便民超市、1块菜地，为搬迁群众打造生活半径圈，搬迁群众可以就近享受吃、购、娱等便民服务。2018年底，宣恩县56个安置小区全部竣工，9727间新居通过抽签的方式确定主人，迎接一批批来自大山里的新住客。

二是紧密织牢"公共服务网"。精准匹配教育、照料、医疗、文化等公共服务资源，在安置点新建、改扩建小学、幼儿园，实现易地搬迁群众子女在家门口上学，配备"四点半学堂""日间照料中心"，让适龄儿童放学后写作业、玩游戏、情感交流有专属场地设施，专人看护和引导，让家长安心工作、学生健康成长。同时，重视搬迁群众的身体健康和精神健康，实现卫生院和卫生室全覆盖，组建家庭医生团队、健康帮扶小分队进点入户开展健康上门服务，定期组织文娱活动，引导搬迁群众追求积极向上的精神文化。

三是创新社会综合保障机制。将搬迁群众作为重点关注对象，通过社区干部逐户排查，精确认定脱贫不稳定户和突发严重困难户，及时给予就业、低保等综合政策保障以及实施防贫保险、社会帮扶等措施，如引入保险公司作为载体，用政府统一购买服务的方式为搬迁群众购买防贫保险，防止天灾人祸造成的意外返贫，做到返贫风险"应消尽消"。

（二）创新社区管理方式，实现"能融入"

一是人文关怀促进快速融入。搬迁群众搬入安置点居住时，结对干部主动帮忙搬新家，开展一对一入住事项培训，彻底打消搬迁群众顾虑，变"不愿搬"为"我要搬"。同时，社区定期组织帮扶干部和志愿者到搬迁群众家里进行慰问和宣传落实惠民政策，引导搬迁群众了解易地搬迁政策，不断提升搬迁群众归属感。

二是激发内生动力实现自我管理。在安置小区设立"新时代文明实践所"，每月集中宣讲党的各类惠民政策和乡村振兴相关知识，请模范榜样、道德标兵、乡贤等身边人说身边事，办好感恩道德讲堂，在思想上教育引导搬迁群众"听党话、跟党走"。设立道德宣传栏，强化文明乡风、良好家风教育引导，推动形成邻里互助、守望相助的社会风尚。广泛开展优秀人物评选，深入挖掘社区优秀党员典型，通过宣传表彰身边人、身边事，鼓士气、扬正气。在 2022 年湖北省易地搬迁"三个最美"评选启动仪式暨武陵山片区事迹分享会上，"最美"候选人方应鹏、覃芳等四位候选人用朴实的语言、真挚的情感和生动的事迹讲述了各自的扶贫故事。

三是重视党建引领增强社区管理能力。以安置小区为单位设立党组织，选派党建指导员，组织安置小区党员开展组织生活，对无职党员设岗定责，有效激发小区党建活力。社区党组织在安置点深入推进民主议事、民主决策、民主管理、民主监督，切实增强搬迁群众的自治能力，积极发挥德治作用，解开搬迁群众的"乡愁"情结，定期由党员带领开展各类社区活动，增强认同感、归属感和融入感，规范完善居民公约，大力倡导文明新风尚，促进家庭和睦、社区和谐、干群融洽。

（三）创新安置点增收方式，谋划"如何富"

一是创新产业发展带动增收。宣恩县充分利用县级产业发展资金和东西部扶贫协作资金，在安置点周边建设蔬菜、香菇、花卉大棚等农业设施和茶叶、药材、水果加工厂等农业产业，引导一部分搬迁群众继续从事农业生产，利用原有的农业生产技能实现就业，直接带动搬迁群众通过发展产业或参与就业增收。

二是推进就近就业带动增收。充分利用税收减免、融资贷款、就业补贴等政策的支持，在安置点引进电子元件、服装加工、卫生洁具等劳动密集型企业落户，引导企业吸纳搬迁群众就业。出台相应奖补政策，引导安置点周边的农产品加工、物流、住宿餐饮、景区旅游服务等小微企业吸纳搬迁群众就业，使搬迁群众实现"从农民到工人"的转变，达到"一人就业，全家脱贫"的目标。一名从九间店村搬迁到安置小区的居民刘仕云高兴地说："搬到新家后，在家门口就业，不用外出打工，还能照顾老人和小孩，每个月还能赚到 4000 多元。"

三是加强培训促进劳务输出增收。针对青壮年劳动力，在安置点建立职业技能培训基地，整合各部门培训资源，以扶贫车间为载体，针对搬迁群众发展意愿、文化水平和个人爱好，构建以市场化为导向的技能培训机制，提升受培训者对就业市场的适应性和匹配性，并派专人加强就业组织和信息服务，与企业需求无缝对接，定向输出劳动力。

四是盘活资产促进增收。为增加搬迁群众财产性收入，县委、县政府出台奖补政策，盘活搬迁群众的土地、山林等资源，对流转搬迁群众土地10 亩以上的市场主体每亩奖补 300 元，鼓励村集体经营公司、合作社等市场主体流转搬迁群众土地、山林等。同时，将扶贫项目资产、县级产业发展资金、东西部协作资金等财政投入资金作为股金在安置点建设标准厂房、气调库等项目，引进企业合作投资分红，让搬迁群众在就业领取工资的同时还可分红获利。

三、经验与启示

（一）坚持以群众为中心的发展思想是"稳得住"的关键之举

易地搬迁是一项家园重建和社区再造工程，宣恩县通过优化社区服务体系，以实现搬迁群众对新环境、新生活的期望为中心目标，强化服务意识，在硬件和软件上实现医疗、教育、日常照料等各类公共服务设施设备全覆盖，健全各类公共服务体制，配备完善相应工作人员。同时，创新社会保障机制，筑牢三重"防贫墙"，彻底消除搬迁群众返贫风险，从根本上让搬迁群众搬进新家后居住便利、办事便捷、生活无忧，切实保障搬迁群众"稳得住"。

（二）实施党建引领社区管理是"能融入"的动力之源

宣恩县在安置点社区管理中，充分发挥社区基层党组织战斗堡垒作用和各级党员的先锋模范作用，实行"群众搬迁到哪里，党组织就建到哪里；搬迁群众在哪里，党员就在哪里"。党组织牵头、党员带头，以人文关怀、政治宣讲、倡导文明新风、树立模范典型来激发群众的内生动力，并引导搬迁群众建立健全自治组织和管理制度，充分发挥主观能动性，切实增强群众的认同感、归属感，使搬迁群众快速融入社区生产生活，真正在思想上"听党话、感党恩"，在行动上"跟党走、报党情"。

（三）建立长效增收机制是"可致富"的根本之策

要真正实现搬迁群众安居乐业，产业就业是根本途径。宣恩县在安置点及其周围积极发展特色产业，引进电子元件、服装加工、卫生洁具等劳动密集型企业。同时，宣恩县针对搬迁群众中各类人群的不同特点开发和设置就业岗位，培育其长期稳定就业的能力，通过开拓多元就业渠道为其提供就业岗位，让搬迁群众有业可就。围绕"志智双扶"，通过教育培训、村规民约、典型示范等方式激发搬迁群众内生动力，使其更加积极主动地融入新生活，抓住新的发展机遇，勤劳致富。通过围绕产业就业建立起长效发展机制，使搬迁群众发展可持续、增收有后劲，逐步实现"可致富"的目标。

"忘忧草"变成乡村的"富贵花"

——山西省云州区打造黄花产业实现村民增收致富

案例类型：脱贫地区产业发展

关　键　词：特色产业发展；产业融合；增收致富

摘　　　要：位于燕山—太行山集中连片特困地区的山西省云州区，素有黄花种植传统。当地依托黄花产业为主导，通过延长黄花产业链条，形成黄花种植、加工、销售、旅游一二三产业（即第一产业、第二产业、第三产业）联动发展的良好态势，为农业产业结构调整、发展乡村旅游、促进乡村振兴提供了有力抓手，形成可持续的长效发展机制，在黄花特色产业升级过程中，逐渐形成了"大同黄花"的品牌效应，有力促进乡村振兴战略的实施，为推动当地村民实现增收致富提供了稳定保障。

一、背景

云州区黄花（也称"忘忧草"）的栽培历史悠久。据记载，云州黄花的栽培历史最早可追溯到 1600 年前北魏建都平城（今为大同）时期。1975 年，山西省政府将云州区（时为大同县）确定为黄花生产基地县。黄花种植具有特定的生产周期，前三年投入大，基本无收益，当地农民规模化种植意愿不高，守着"富贵花"（即黄花菜，下同）过着穷日子。2017 年 6 月，习近平总书记视察山西时，为山西指明了走转型发展的路子。为此，云州区出台了一系列政策措施，做大做强黄花产业，形成黄花种植、加工、销售、旅游一二三产业联动发展良好态势。作为一个典型的农业县区，云州区着眼于自身的资源禀赋，深挖黄花菜全产业链，推动巩固拓展脱贫攻坚成果同乡村振兴有效衔接。"大同黄花"商品进入中国地理标志运用促进工程，云州黄花种植区还获得国家黄花种植和加工标准化示范区、国家出口食品农产品质量安全示范区、全国绿色食品原材料标准化生产示范基地等荣誉称号。

二、项目实施和成效

（一）明晰定位，把黄花作为产业发展的"秘钥"

如何快速把脉区域特色产业发展？云州区有自己的独特"秘钥"。2016 年云州区根据区域资源特色，将黄花产业确定为"一区一业"和产业扶贫的主导产业，出台了促进黄花产业发展的意见，成立了领导小组和黄花产业办，组建了黄花产业协会。

找到产业发展的"秘钥"后，云州区围绕黄花产业做成特色产业，制定黄花产业发展规划、特色产业精准帮扶规划，并打破乡、村界线，实现集中连片种植。截至 2023 年，全区黄花种植面积达 17 万亩，形成 1 个 2 万亩片区、8 个万亩片区和 109 个专业村，产值达到 17.5 亿元，带动全区农民人均增收 5000 多元，瓮城口村党支部书记陈纪新说："今年我们实施了双垄沟播全膜覆盖＋膜下滴灌技术，高粱亩产肯定会比以往高，今年市场也景气，农户们又能多收入几千元啦。"

（二）直击痛点，破解产业发展难题

选定了产业方向，只是万里长征第一步，最关键的是如何面对产业发展难题。云州区出台了一些"真金白银"政策，财政累计投入资金 5.2 亿元，力图破解产业发展难题。

化解资金风险，使村民看得见"真金白银"。云州区以种植补贴形式，按黄花种植户人口每人每亩 1000 元标准补贴前期资金不足问题；开设黄花险新险种，采取政府补贴大头，村民自筹部分金额方式，提高风险保

障，筹集信贷资金 2.7 亿元，实施"黄花贷""忘忧易贷"，缓解流动资金不足困境，提高村民抵御风险能力。

改善种植环境，让村民感受到"真心实意"。云州区大力改善农田水利条件，投资 2.6 亿元开展农业综合开发和土地整理等重点项目，提高土地质量。帮助联系雇工。通过线上线下招工等多种形式，每年帮助种植户联系季节性采摘工 3000 余人，弥补采摘高峰期劳动力不足问题。政府协调资源，把乡村所有公共场地向种植户开放；同时投资 1420 万元建设黄花冷库 39 个，投资 500 万元建设黄花晾晒大棚 50 个，投资 3500 万元建设黄花地头加工车间 2 个，对群众自建冷库、晾晒场地和晾晒大棚进行补贴，解决村民晾晒难题；黄花产业办搭建市场价格平台、气象局在采摘季节播放针对性天气预报、交警队对运输黄花的司机进行安全教育等。

通过对云州黄花产业发展的痛点梳理，破解产业发展的资金困难、人力不足、风险较大等难题，推动黄花特色产业的培育，并将黄花产业做大做强。

（三）创新方式，提升产业发展组织化程度

缺乏有效组织，无法形成产业规模怎么办？云州区把推动"一村一品一主体"建设作为黄花产业扶贫的重点，以扶持培育合作社、龙头企业、能人大户、家庭农场等新型经营主体为着力点，变资源为资产、变资金为股金、变农民为股东，让农户通过获取薪金、租金和股金的方式增加收入。近年来，云州区流转土地 18817.5 亩用于栽培黄花，惠及脱贫人口2509 户 6272 人，年人均增收 1500 元；参与黄花采摘和田间管理脱贫户32760 人次，年人均增加工资性收入 3400 元。"过去这一亩地一年下来也没多少收入，如今农民有土地流转、合作社打工和分红至少 3 块收入，单是采摘季的 40 天下来，一家就能有 5000 到 1 万元的收入。"村民张丽霞说道。

（四）党建引领，发挥基层党组织示范引领作用

如何面对农村产业发展缺乏人才，黄花产业规划缺乏"领头雁"的现状？云州区给出了自己的答案。

通过选好配强村委会和村党支部成员（简称村"两委"），发挥农村"领头雁"的作用。近年来，全区新任党支部书记43人，新选任"两委"班子成员415名，占比41%，35岁年轻干部80名，占比7.6%。在"领头雁"带动下黄花产业不断发展壮大。如唐家堡村原党支部书记张顺宝带动全村种植黄花4200亩，收入1500万元，成为远近闻名的富裕村。

通过凝聚党员队伍，发挥党员的先锋模范作用，带动村民投入到黄花产业发展中。全区有83名党支部书记、650多名党员带头种植黄花，81名村干部领办黄花合作社。如徐家堡村党支部书记白继跃带头种植黄花35亩，村干部每人种植20亩，全村发展黄花170亩，产业带动整村脱贫。

通过争取资源支持，提升黄花产业发展的规模。区领导班子、驻村工作队、驻村第一书记等相关队伍筹集各方资源，帮助村民发展壮大黄花产业，提升产业组织化程度。如山西省地勘局投入187万元，为黄花种植户每亩补贴500元，帮助4个村发展黄花1774亩。

（五）整合资源，统筹各方力量助推黄花产业发展

酒香也怕巷子深，好产品也怕不知名。云州区的黄花产业具有独特的资源禀赋和产品竞争力，但如何面对市场，如何提升销路是摆在云州区种植户面前的"拦路虎"。

打铁还需自身硬，内外兼修稳基础。每年冬闲时节，云州区以各村的新时代文明实践站为平台，对乡村干部和农民进行黄花栽植技术、田间管理等培训，提升种植户技术水平；创建大同黄花网、微信公众号，及时宣传发布有关产品信息。连续两年组织开展"黄花文化旅游月"活动，与全国5省5县建立了产业发展联盟，《人民日报》、人民网、新华网等媒体刊

发多篇报道，打造大同黄花特色品牌。

产销对路是王道，多重组合是保障。云州区积极拓展黄花市场，实施投资 2000 多万元的国家电子商务进农村示范县项目，建成了 119 个区、乡、村三级电子商务服务点，通过央视客户端等平台宣传产品，利用淘宝直播等平台帮助销售黄花等土特产；围绕黄花产业生命周期，拓展旅游产业发展，推进农业与生态旅游、文化康养等深度融合，大力发展休闲观光、养生养老、创意农业、农耕体验、乡村手工艺等。

2023 年初，云州区制定出台了《2023 年黄花产业发展质量再提升行动方案》，全面推进黄花产业提质升级。云州区黄花产业随着产业集聚效应逐渐增强，已成为村民持续增收的可靠保障。

三、经验与启示

（一）探索政府决策与服务机制在产业发展中的促进作用

云州区政府作为大同黄花产业决策的主导者，在推进当地致富产业发展过程中，根据地方资源禀赋发展黄花种植产业，为当地村民脱贫增收带来了深刻的变革。在服务地方产业发展进程中，地方政府作为产业发展的主要推动方之一，通过为黄花产业发展提供资金、人力和政策等多方位支持，做好政府的服务角色，从深层次推动了黄花产业的可持续增长。

（二）注重产业培育规模化与产业品牌效应的建设

云州区立足本区域历史种植传统和独特的环境特色，积极创建大同黄花品牌，绘制黄花产业蓝图，建立以黄花为龙头，以都市蔬菜、旱作农业、蛋鸡养殖等为支撑，做大特色产业体系，延伸了产业链条，扩大了产业规模，同时致力于加大龙头企业培育，成功培育了黄花龙头企业 17 家，形成以龙头企业为核心的黄花产业体系，强化了大同黄花品牌效应。

（三）围绕传统农业技术与大数据平台赋能产业发展

云州区重点培育小黄花特色产业链，形成了"大同黄花"优质农产品品牌效应，在保留传统生产技术的同时，通过大数据技术构建智慧农业大数据平台，推动黄花产业园实现数据集成化、生产智能化、管理数据化、经营网络化，有效提升了云州区黄花全产业链智慧化水平，减少了生产管理成本的同时，提升了农产品的优质产出率。

执文旅融合彩笔 绘乡村振兴画卷

——湖南省花垣县十八洞村文旅融合发展

案例类型：脱贫地区产业发展

关 键 词：文旅融合；减贫故事；民族文化

摘　　要：湖南省花垣县十八洞村扛牢"首倡之地当有首倡之为"的政治担当，弘扬伟大的脱贫攻坚精神，感恩奋进。十八洞村立足生态环境优美、民族特色鲜明、文化底蕴深厚的禀赋基础，按照以文塑旅、以旅彰文的原则，积极探索文旅融合发展新路径。以全国脱贫攻坚交流基地、全国青少年研学基地为基础，通过聚焦减贫故事、开展党性教育、挖掘民族特色等措施，深度开发红色文化价值和民族文化价值，从深度贫困村蝶变为红色样板村，谱写了新时代乡村振兴新篇章。

一、背景

2013年11月3日，习近平总书记轻车简从，来到湖南省花垣县十八洞村走访调研，首次提出了"精准扶贫"重要论述。从此，十八洞村成为全国精准扶贫首倡地（即首次提出"精准扶贫"论述的地方），创造出中国脱贫攻坚样本。十八洞村成功创建了矮寨·十八洞·德夯大峡谷国家5A级旅游景区，入选全国"建党百年红色旅游百条精品线路"，成为了铭刻新时代光辉的红色地标。十八洞村深挖文旅资源，以全国脱贫攻坚交流基地、全国青少年研学基地等基地建设为基础，积极探索文旅融合发展新路径，旅游产业发展取得重大突破，荣获"中国美丽休闲乡村""中国少数民族特色村寨""中国传统村落""全国乡村旅游示范村""全国生态文化村"等殊荣，独特的文旅资源为推动巩固拓展脱贫攻坚成果同乡村振兴有效衔接奠定良好的基础。十八洞村，从一个曾经名不见经传的山野村寨，在十年间甩掉了贫穷、落后、闭塞的"帽子"，成为中国脱贫攻坚史上一个成功范例，吸引了来自全国乃至全球关注的目光。

二、项目实施和成效

（一）打造独特 IP，讲好脱贫故事

十八洞村作为精准扶贫的全国"首倡之地"，具有独特的文旅 IP，通过十年的生动实践，十八洞村的脱贫致富模式已成为全国脱贫样板。十八洞村在游客服务中心、新的村部等处布置了脱贫攻坚展及音视频等展厅，通过合理设计不同主题板块，选取标志性的脱贫故事、图片及音视频等，运用 LED 显示屏、声光特效等技术向外来游客展示十八洞村如何实现从贫困发生率高达 57% 的村子到全国脱贫示范村的故事。

十八洞村设计重走习近平总书记在梨子寨访贫问苦的考察路线，在精准坪广场聆听解说员讲解，在村内巷道与村民交谈，现场学习精准扶贫"十六字"方针，使游客在真实的场景、生动的语言中获得沉浸式体验，在翻天覆地的山乡巨变与群众的幸福生活中真正感受"精准扶贫"重要论述的实践伟力。印度"新南亚论坛"创始人、前总理顾问苏廷德拉·库尔卡尼说，十八洞村的脱贫故事激励了全中国农村贫困人口依靠勤劳摆脱贫困，"精准扶贫让很多人受益，让他们的生活变得更美丽、更和谐。而且改变不仅是从收入方面，还有艺术、文化等方面，这里的人们确实是'最富有'的人了。"

讲好故事，不仅仅需要故事内容精彩，也要好的故事传承者。十八洞村创新宣讲方式，联合双龙镇排碧九年制学校、排谷美小学，选拔和培育"十八洞青少年志愿服务队""十八洞红领巾讲解员"，采取"汉语＋苗语"的双语讲述形式，利用周末和小长假，点对点、面对面为前来参观学习的

中小学体验团队进行宣讲。2022 年，十八洞村游客量多达 25.98 万人次，2023 年全年，十八洞村实现旅游收入近 2000 万元，带动周边 3 万余人就业，有力地推动了乡村全面振兴。

（二）融入党性教育，升华红色之旅

面对"首倡之地"的独特文旅 IP，将讲好故事与党性教育相结合，成为十八洞村人实现可持续发展的秘诀之一。十八洞村在发掘乡村红色旅游之时，设立村部放映厅、多功能会议室、党建学习书屋、筑梦书屋等红色旅游配套服务设施。通过播放《梦圆十八洞》纪录片、党课现场教学、布置专题会场等形式，开展重走红色路线、重温入党誓词、集体升旗宣誓等主题活动，举办红色歌唱、红色朗诵等多项比赛，在实现文旅融合中融入党性教育。

十八洞村探索红色教育的同时，积极采取专业队伍集中宣讲、专题宣讲、微宣讲与观看情景剧、红色电影实践活动相结合的形式，吸引外来学习团队参与互动式学习。2023 年 11 月，湖南花垣十八洞文化旅游开发有限责任公司总经理麻先明说道："十八洞村年均可接待党员干部培训 5 万人次、青少年研学 20 万人次。"

（三）彰显民族特色，打造民俗盛宴

靠山吃山靠水吃水，十八洞村依托苗族村寨的特色，打造湘西特色苗寨景点，突出民族特色建筑风格，保持民族传统村落景观，将苗族风俗特色融入景区建设，打造特色文旅资源，外地游客可近距离观看苗剧、苗歌、苗舞，丰富旅游体验。

在十八洞村，来访者不仅能现场感受到党领导的脱贫攻坚伟大事业的成功，而且能体验到苗寨独有的民俗风情、农耕文化，真正接触大自然、回归大自然，享受一场底蕴深厚、特色鲜明、妙趣横生的民俗文化盛宴。十八洞村的村民也通过自身的努力，不断参与并融入乡村建设中。十八洞

村妇联主席梅瑶，已在十八洞村工作了 5 年时间。她带动苗族留守妇女积极在家就业创业、组织孩子们学习苗歌苗鼓等传统文化，积极维护妇女儿童的合法权益，被村民视为"娘家人"。她说，如今，村民们不再满足于物质生活，更加追求精神富足，妇女的精神面貌焕然一新。十八洞村的农特产品走出大山，游客接连不断来到苗寨，乡亲们的腰包越来越鼓，村民人均年收入从 2013 年的 1668 元增加到 2023 年的 25456 元，村集体经济从空白增长到 2023 年的 507 万元。

三、经验与启示

（一）围绕"首倡之地"，科学布局谋产业发展

中国"精准扶贫"重要理念在十八洞村首次提出，十八洞村围绕"首倡之地"，科学布局文旅产业，依托文旅融合，推动了特色乡村旅游产业。打造乡村旅游产业，避免旅游项目的同质化和旅游产业的空心化，当地政府在指导十八洞村的旅游产业过程中，依托科学合理的产业布局，赋予本地"首倡之地"的独特文旅内涵，取得了乡村文旅产业发展的显著成效。

（二）深挖本土资源，打造独特品牌辨识度

推动乡村文旅融合发展，应全面了解当地的地理信息、民俗风情、历史典故等各种资源，并加以充分利用。十八洞村正是紧紧抓住精准扶贫"首倡之地"这一独特资源，并围绕民族特色文化，着眼非物质文化遗产，打造出红色乡村游、民俗乡村游品牌，有效避免了民俗旅游项目单一化、内涵简单化等问题，提升该村旅游品牌的辨识度。十八洞村不仅拥有丰富的苗疆文化资源和特色自然景观，同时作为革命老区和精准扶贫的"首倡之地"，积极打造红色地标，为十八洞村的文旅发展不断注入持久驱动力，也带动村民收入不断增加。

（三）补齐发展短板，聚焦文旅融合新业态

基础设施滞后和人才队伍缺乏是乡村文旅新业态发展过程中的两大短

板。作为以文旅融合为特色的苗寨景区，十八洞村注重村庄基础设施建设，通过修建游客服务中心、电商服务站等机构，引进高名山十八溶洞等旅游配套项目，全面打造文旅融合项目群，进一步完善了该村的乡村旅游配套设施建设。引入专业规划团队和专业旅游管理团队，注重村庄本土人才的培养，同步引进乡村振兴管理、景区民宿管理、旅游餐饮服务、民族文化表演等方面的优秀人才，为文旅融合新业态的形成提供坚实的人才保障基础。

厚植油茶产业　助力乡村发展

——河南省光山县槐店乡小油茶转向大产业

案例类型：脱贫地区产业发展

关 键 词：农旅融合；产业振兴；绿色发展

摘　　要：河南省光山县槐店乡牢固树立"绿水青山就是金山银山"的理念，契合自然资源禀赋，锚定绿色油茶产业，立足区位优势，以党建引领凝聚发展合力、以夯实基础破解发展瓶颈、以创新模式拓宽增收渠道，探索农旅融合新模式，不断优化"公司＋基地＋农户"利益联结机制，持续推进绿色油茶产业升级优化，实现小油茶到大产业的转变，实现了荒山变金山、穷乡变富壤、园区变景区，走出了一条经济发展、农民增收、生态优化的好路子。

一、背景

槐店乡位于河南省光山县城南 5 公里处，辖 18 个村（社区），293 个村民小组，总人口 3.98 万人，总面积 102 平方公里。地形大多为浅山丘陵区，土质肥沃，呈弱酸性，平均日照 1950 小时，无霜期平均为 226 天，年平均降水量 1027.6 毫米，月平均气温 19.5℃，光照充足，雨量充沛，油茶生产条件得天独厚，先后荣获全国乡村治理示范乡镇、河南省生态示范乡镇、河南省国土绿化模范乡镇、河南省旅游示范乡镇、河南省乡村振兴示范乡镇等荣誉。2009 年，槐店乡党委政府乘借农村改革发展综合试验区建设的东风，坚持从实际出发，按照"宜种则种、宜养则养、宜林则林"的基本思路，在乡西南部陈洼、大力、晏岗、万河、草店 5 个村 18

个村民小组，集中连片流转山林、荒山面积，突出因地制宜、突出群众自愿、突出综合利用、突出产业带贫，引进 4 家科研单位、5 个高新技术项目、10 余个科研课题，整合涉农资金 3000 余万元，完善园区"山、水、田、林、路"建设，并不断完善槐店万亩油茶示范基地建设，即"司马光油茶园"。截至 2021 年，司马光油茶园已带动全乡发展油茶 3 万余亩，其中 2.3 万亩油茶开始挂果，实现了荒山变金山、穷乡变富壤、园区变景区。2023 年 10 月，光山县成功入选首批全国文化产业赋能乡村振兴试点名单。光山全县油茶种植总面积已达 29.2 万亩，累计带动 5 万余名群众从中受益。

二、项目实施和成效

（一）党建引领，凝聚产业发展合力

槐店乡于 2017 年 3 月成立油茶产业联合党总支，隶属乡党委管辖，党总支下设党支部 5 个，以联兴油茶产业开发有限公司党支部为主体，共有党员 129 人。自槐店乡油茶产业联合党总支成立以来，充分发挥党组织的战斗堡垒作用和党员的先锋模范作用，积极整合槐店乡内油茶企业、新型农业经营主体、帮扶单位等资源，引领槐店乡油茶产业做大、做强、做精。

一是强化组织引领。槐店乡油茶产业联合党总支成立后，在土地流转、市场发展、技术指导等方面都起到了引领带动作用，油茶产业规模持续增大。特别是 2020 年，引进德睿生态农业有限公司，在陈洼、大栗树、槐店等村流转土地 6000 亩，完成整地并栽种油茶 4500 亩。

二是加强结对帮扶。注重加强党员队伍建设，多次开展农村党员培训工作，提高农村党员发展积极性和产业技术水平，把党员培养成致富骨干，再通过党员对群众的帮扶教育，实现共同发展。2016 年以来，32 名党员结对帮扶 109 户脱贫户，持续开展昼访夜谈、"咱村要发展，我们怎

么干""送祝福、话脱贫、奔小康"等系列活动，引导群众利用房前屋后的空闲地、废弃的宅基地栽种油茶，形成以农户为基本单元的油茶产业经济体，为全乡油茶产业发展注入更多活力。

三是助农增收提效。依托党总支与企业对接，脱贫户根据实际情况，从油茶的种植、管理、采摘到加工以及苗木花卉、油料管理等方面，自愿选择务工岗位或旅游、民宿、餐饮等行业发展，年收益达 2.7 亿元。以光山县槐店乡司马光油茶园为例，该园通过油茶种植、生产加工、生态旅游，实现年产值近亿元，带动周边群众就业增收，帮扶了 609 户 1831 名脱贫人口，实现人均增收 2800 元以上。有的村民依托油茶搞农家乐，每年能挣 30 多万元，真正实现了群众脱贫增收。

（二）夯实基础，破解产业发展难题

发展油茶产业初期，槐店乡面临着产业规模小、群众参与程度不高、产业链条短等诸多难题。针对这些难题，槐店乡在上级支持下，坚持立足实际，因地制宜，积极探索解决途径，努力推动全乡油茶产业转型升级，全力破解产业发展瓶颈。

一是持续壮大产业规模。按照光山县的部署，重点抓好产好"一亩茶、一壶油"工作，在对现有司马光油茶园提质增效的基础上，围绕实施乡村振兴战略，以司马光茶溪谷为核心，集良种苗木繁育、培训宣教、科普研发、茶油于一体，推广油茶新品种和先进的种植管理技术，引导和支持种植户按照"自愿、民主"的原则发展油茶专业合作组织，为全乡油茶产业再添新力。截至 2022 年 10 月，槐店乡油茶累计种植面积达 3.6 万亩，同时改造油茶园"低产油茶"1500 余亩，既提高了油茶产量，也提高了油茶质量。

二是引导群众积极参与。注重把扶产与扶志结合起来，以举办产业扶贫现场会暨油茶采摘活动为平台，引导脱贫户自主、自愿参与油茶产业发展，实现增收。按照"房前屋后一亩茶"的发展思路，根据全乡脱贫户发

展油茶的意愿，免费为群众提供油茶苗，并组织农业、林茶等技术人员，在油茶种植过程中全程给予技术指导。2020年，槐店乡邀请本地龙头企业联兴油茶产业开发有限公司的专业技术人员，定期对种植油茶的群众进行培训，引导全乡371个农户参与，群众利用房前屋后的空闲地、废弃的宅基地，新栽种油茶1350亩12万株。同时，企业、种植大户与脱贫户对接，优先保证脱贫人口在油茶基地务工，使脱贫人口就地转化为产业工人，解决部分留守老人、妇女的就近就业问题，就近务工增收也激发了群众参与积极性。

三是延伸产业发展链条。补齐油茶加工短板，加快油茶籽综合深加工。2020年1月12日，年加工3万吨油茶籽、年产8000吨茶油的司马光油茶园联兴智慧产业园建成投产，利用油茶的副产品提取茶皂素，生产日化护肤品、生物农药、生物有机肥等产品，创立"玉肌汉方"牌油茶系列护肤品，实现了油茶产业从种植、加工、销售全链条一体化。2023年，光山县已发展油茶29.2万亩，建成茶油加工厂2个，油茶总产值高达9.75亿元。

四是促进产业融合发展。坚持把弘扬司马光智慧文化与油茶产业深度融合，完善司马光油茶园及其周边旅游配套设施建设，以举办司马光诞辰1000周年系列纪念活动为载体，广泛开展"游司马光油茶园，发展智慧产业"主题活动。依托红色、生态旅游资源，以司马光油茶园为核心，抓好全域旅游，开辟观光观赏游、健身徒步游、科普宣教游、休闲度假游等为主的生态旅游业，发展生态康养、组织摄影写生，带动周边群众脱贫致富。"记忆中的大片荒山，变成了淌金流银的油茶园，与波光粼粼的龙山湖相映成趣，真是太美了！"专程从郑州回乡，全家陪着妈妈婶娘们在司马光油茶园内游览的吕述荣、吕述华、吕敏三姐妹高兴地说。2023年，光山县大力推动茶旅融合，实施国家油茶公园建设，吸引投资1.2亿元，年接待游客超15万次，旅游综合收入超3亿元。

（三）创新模式，拓宽群众增收渠道

槐店乡立足自然条件和油茶产业发展现状，积极创新油茶产业扶贫模式，全力拓宽群众增收渠道。

一是积极宣传油茶种植激励政策。积极宣传《光山县全民油茶计划实施方案》《关于支持油茶产业发展的实施意见》等油茶种植激励政策，鼓励脱贫户自主发展油茶产业，帮助符合条件的农户、企业、合作社、家庭农场申报奖补。

二是支持企业引领带动。在油茶产业发展上，坚持"政府引导、市场主导、企业带动、全民参与"的发展思路，走"公司＋基地＋农户"的路子，广泛宣传，成功吸引创业成功人士回乡投资油茶产业，新栽种油茶40万株。

三是鼓励生产要素入股。利用丰富的自然资源优势，鼓励支持各类农业经营主体开展土地、林地流转，实行标准化、规模化油茶园区建设，高标准推动油茶产业园区建设。鼓励脱贫户利用到户增收项目、土地等生产要素入股，按经营收益分红，积极打造槐店司马光油茶园。

三、经验与启示

（一）要想打好产业牌，必须做大做强特色主导产业

产业是区域经济发展的重要动力，也是群众增收的关键。槐店乡依托得天独厚的自然资源禀赋，突出重点、科学规划，按照规模化管理、集约化经营的要求，在规划过程中因村施策、因地制宜，确保了产业发展的科学性和可行性；同时，充分利用有限的土地资源，发展经济作物和服务行业，实现了产业由小到大、由弱到强、由强到精的跃升。实践证明，只有立足区位优势和特色，大力发展优势产业，才能持续增加农民收入，切实增强产业富民的广泛性、带动性和持久性。

（二）要想打好产业牌，必须持续发力久久为功

产业培育壮大考验的是定力，需要的是耐力。在优势特色产业发展上，要以产业发展为基本点，接续奋斗不停歇、锲而不舍抓落实，向着"农民富、农村美、农业强"的目标扎实迈进。司马光油茶园从2008年开始建设，仍在不断完善发展，其间经历四任党委书记，接力实干。实践证明，只有牢固树立功成不必在我的理念，持之以恒、矢志不移、久久为功，才能真正把产业发展落到实处。

（三）要想打好产业牌，必须发挥群众主体作用

群众是产业发展的受益者，更是产业发展的主体，自始至终要把调动群众积极性、主动性作为产业开发的力量源泉，扶志、扶智、扶技并举，坚定群众脱贫致富的信心，从根本上激发群众增收致富的内生动力。只有坚持因户因人制宜、分类施策、精准发力，让群众尝到发展产业的甜头，进而充分发挥群众主体作用，才能不断推进产业高质量发展。

（四）要想打好产业牌，必须深化改革锐意创新

改革创新是推进产业富民的重要源泉。槐店乡积极探索"公司＋基地＋农户""龙头企业＋合作社""电商＋特色农产品"等产业发展模式，不断引进市场主体、科研机构等参与建设，合力促进产业发展。依托"老板带动、能人推动、股份联动"机制，有效缓解分散农户难以对接市场的问题。实践证明，只有坚持市场导向、深化改革，聚焦发展，大胆创新，才能为产业发展注入源源不断的生机与活力。

"互联网＋教育"赋能乡村教育均衡发展

——宁夏回族自治区"互联网＋教育"示范区建设实践

案例类型：教育发展

关 键 词：乡村教育；"互联网＋教育"；教育均衡

摘　　要：宁夏回族自治区自 2018 年成为全国"互联网＋教育"示范区以来，围绕促进教育公平和均衡发展，全力推进示范区建设赋能乡村教育发展，积极部署全区教育数字化发展，加快推进教育新型基础设施建设，着力夯实智慧教育"数字底座"，通过"一朵云""一张网""一块屏""一中心"促进教育全要素、全流程、全业务、全领域的数字化转型，为全国推进"互联网＋教育"和教育数字化提供宁夏方案。

一、背景

2018 年 7 月，宁夏获准建设全国首个"互联网＋教育"示范区。"互联网＋教育"示范区建设是一项系统工程，在这项工程推进的过程中，宁夏始终坚持问题导向，努力探索破解"六大难题"，即破解优质教育资源不足的问题，保障每一个学生接受公平而有质量的教育；破解农村学校教育质量不高的问题，实现城乡义务教育一体化发展；破解课堂教学效率不高的问题，改善教师苦教、学生苦学状况；破解传统教育模式不优的问题，增强创新人才培养能力；破解立德树人根本任务落实不力问题，重塑教育绿色 GDP 生态；破解教育服务保障能力不足问题，切实提升教育治理能力和治理水平。

围绕这些教育领域的重大现实问题，宁夏利用"互联网＋"进行了系统性、创新性的教育改革探索实践，为中西部支撑省域基础教育优质均衡发展提供了可复制可推广的经验和模式。2023 年 4 月，宁夏高标准通过示范区建设的国家验收，基础教育信息化发展综合指数排名跃升至全国第 5 位。"互联网＋教育"的宁夏经验，已经成为宁夏教育数字化递向全国乃至世界的一张金色名片。

二、项目实施和成效

（一）注重系统设计，完善协同联动推进机制

一是加强组织领导。成立部区共建示范区领导小组，召开示范区建设推进会、"互联网＋教育"领导干部研讨会等，统筹协调推进项目规划、经费保障、应用管理等重点任务落实。建立政府考核、专项督导、第三方绩效评价等工作机制，将"互联网＋教育"纳入自治区党委对市、县（区）的效能目标管理考核和自治区政府教育专项督导范围，推动自治区、市、县、校四级协同联动，形成强大合力。

二是加强规划引领。坚持"一张蓝图绘到底"，制定示范区建设规划、实施方案和行动计划，细化示范区建设的总体思路、主要目标、工作举措等，明确提出"两步走"发展路径和阶段目标。出台教育专网、智慧校园、资源共享、达标县建设等 10 余项规范标准，推动构建从基础建设到融合应用、从素养培育到能力提升、从学校个体发展到县域整体发展、从共享开放到安全管理的全方位立体化规范标准体系，实现"互联网＋教育"建、用、管等环节全覆盖。

三是加强政策配套。创新运营与管理模式，鼓励企业积极参与"互联网＋教育"基础建设、资源开发、设备运维、技术服务等。优化教育经费支出结构，设立专项资金，推动构建区、市、县三级资金保障体系。完善引才聚智政策，成立国家数字化学习工程技术研究中心宁夏分中心和华中师范大学宁夏人工智能教育研究院，组建专家组，汇聚全国有关方面专家

200多人次入校开展建设与应用指导。持续优化信息技术教师配置，应用考核激励、网络安全保障等方面专项政策，着力保障"互联网＋教育"健康可持续发展。

（二）聚焦数字转型，打造智慧教育平台基座

一是"一朵云"破解资源建用壁垒。统一建设覆盖全区各级各类教育的"宁夏教育云"，注册用户覆盖教职员工、学生、家长等群体，推动实现知识生产、学习支持、监测评价、管理决策等"云上通办"，人员、信息、资源、应用等一站检索、一键触达、一网统管，为全区160余万名师生在线上课提供有力保障。宁夏青铜峡市第五中学学生代博文高兴地说道，"现在遇到不懂的问题可以上'宁夏教育云'找资料、做测试，或者远程请教数字学校的老师们，问题不过夜"。

二是"一张网"畅通资源共享之路。实施学校联网攻坚行动，通过统谈统付、以租代建等方式，大力推进教育专网建设，打通偏远地区乡村学校网络接入通道。截至2022年7月，宁夏形成1个省级核心节点、28个市县枢纽节点的专网体系；各学校互联网200兆以上带宽接入率、无线网络覆盖率均达到100％。宁夏西吉县将台堡镇西坪小学校长说道："互联网打开了山里娃看世界的窗户，娃娃们没见过的风景、没听过的音乐，打开电脑就能看到听到，县城学校的好课我们也能上，老乡们也不用非得带娃挤县城了。"

三是"一块屏"缩小城乡教育差距。实施数字终端全覆盖项目，统一为乡村学校配备多媒体数字教学终端，建设在线互动课堂、数字化教学功能室等，出台《中小学"三个课堂"建设与应用指南》，推动教育发展水平相对较高县（区）、学校与乡村振兴重点县（区）、乡村学校结对，常态开展专递课堂、名师课堂、名校网络课堂，推动优质师资在线共享。

四是"一中心"赋能县域乡村教师成长。在15个县（区）布局建设教师培训、教学研究、教学实践一体的县域教师智能研修中心，通过线上

线下相结合的方式，常态组织乡村教师开展数字化示范教学、教学实践探索、智能教育体验等，引导乡村教师利用信息化手段优化教学策略，助力专业发展，有效破解了偏远山区乡村教师因地理、时间、经费等因素，难以参加培训的问题。

（三）强化资源共享，推动城乡教育均衡发展

一是推进数字资源广泛覆盖。建立数字教学资源引入、动态更新和共享开放机制，推动跨省合作，利用闽宁、京宁、沪宁等合作平台，落实互联互助、双师课堂等协作项目，将外省优质资源引入并与区内学校对接。2022年，宁夏推动全区8所本科高校与对口支援的福建省高校实现网上协作共建，与国内92所高校实现在线课程、数字图书文献等资源共享。在接入国家资源库、整合本地资源库的同时，每年动态引入全国优质数字教育教学资源2500余万件，实现中小学全学段全学科覆盖。

二是推进城乡学校结对帮扶。出台"三个课堂"建设与应用指南，推动专递课堂、名师课堂、名校网络课堂等常态化应用。推动城乡一体，在政策、项目、资金、资源等方面给予倾斜支持，支持中南部9县（区）建设在线互动课堂，推动225所城镇优质学校与450所乡村薄弱学校结对帮扶。建立健全跨县跨校帮扶机制，按照"区带市县、市县带乡镇、乡镇带村组"工作思路，开展跨县区、跨学校"1拖2"互动教学教研活动，解决农村薄弱学校教师结构性短缺，开不齐、开不足课的问题。

三是推进名师资源在线共享。组织开展"5G＋"教师智能研修，举办"1＋N""1＋N＋M"远程评课、协同研修和网格化精准研训等，促进薄弱学校教师信息化应用能力提升。积极推动名师在线教学辅导，打造宁夏数字学校，鼓励名校名师开通云端网校、名师讲堂等，面向全区学生开展网上课堂教学、辅导答疑等活动，进一步满足学生个性化、差异化学习需要。

（四）坚持创新引领，释放教育改革强大动能

一是加强教师队伍建设。深入推进人工智能助推教师队伍建设国家试点，实施"人工智能＋教师"等9大行动，探索人工智能赋能教师管理、教师教育改革、教育教学创新的新路径新模式。实施"互联网＋教育"人才培育工程，分级分类开展教师培训，研发教师信息素养网络测评系统，对校长、教师、教研员开展全员测评，引导广大干部教师不断提升信息素养与新技术应用能力。

二是深化教学模式变革。推进"互联网＋"课堂革命，积极开展问题导学、小组互学、探究引学、技术助学和线上线下混合式教学，加强师生、生生、亲子和家校互动，形成"博雅智慧课堂""3571讲学稿""3333翻转课堂""产教融合双师课堂"等一批"互联网＋教学"创新典型案例，以技术赋能课堂教学质量和效率提升。

三是创新教育治理模式。探索"互联网＋"教育治理，推动实现入学转学、办学审批、资格认定、证书办理等100多个政务服务事项线上"一网通办"，大幅提升教育政务服务能力和水平，为推动教育高质量发展提供有力保障。

三、经验与启示

（一）坚持以问题导向为切入点，推动教育现代化

推进"互联网＋教育"建设要把实现教育现代化作为重要目标，树立问题导向，逐一分析解决乡村教育数字化发展中存在的问题，补齐教育的"短板"。要瞄准核心问题、破解难点问题、关注发展问题，破除思维观念上的束缚，释放以政府主导、企业参与、市场运作的机制活力，充分发挥示范校的引领作用，提升教师应用教育信息化能力，全面拓宽"互联网＋"格局视野，强化服务开放意识，构建更为紧密的专家互动机制。

（二）坚持以教育公平为出发点，促进教育均衡化

推进"互联网＋教育"建设要把促进教育公平作为出发点和落脚点，把教师队伍建设作为重中之重，把提升教育治理能力作为重要任务，促进互联网与教育深度融合发展。在"互联网＋教育"工作中推动数字资源服务普及，大力建设数字校园，创新发展智慧教育，全面提升信息素养，构建起网络化、数字化、智能化、个性化、终身化的教育体系，建设人人皆学、处处能学、时时可学的学习型社会。

（三）坚持以平台建设为总抓手，汇聚教育大数据

推进"互联网＋教育"建设应该充分利用省级大平台，汇聚教育大数据，创新平台运营服务，优化资源供给新模式，推动平台特色应用，创新服务教育教学新机制，开展智慧校园应用活动，推进"两平台"融合应用，为教育科学决策提供支撑。以省为单位建设网络教育平台，可以汇聚海量优质教学资源和教学工具，将数字教材与课程资源通过"云端"下沉乡村学校，有效破解乡村学校因资金短缺导致的优质资源匮乏问题，使乡村学校师生平等享受到优质的数字资源。

打造一支"不走的扶贫工作队"

——重庆市通过"本土人才回引"工程推动乡村振兴

案例类型：驻村帮扶

关 键 词：驻村帮扶；人才回乡；"本土人才回引"工程

摘　　要：重庆市在加强农村本土人才队伍建设和推进驻村帮扶的基础上，大力实施"本土人才回引"工程，从返乡人士中培育村干部，带领当地群众增收致富，从"引得回""留得住""干得好"三方面发力，建立健全回引本土人才的工作机制，提升基层治理能力和治理水平，发挥干部模范带头作用，激发当地群众内生动力。"本土人才回引"工程弥补了农村人才短板，提升了基层治理水平，为做好巩固拓展脱贫攻坚成果同乡村振兴有效衔接提供了良好的社会环境。人才回流家乡成为突破农村人才匮乏瓶颈、带动乡村振兴的有效途径。

一、背景

重庆是位于我国中西部地区唯一的直辖市，集大城市、大农村、大山区、大库区和民族地区于一体，辖38个区、县（自治县），其中国家级脱贫区县14个、市级脱贫区县4个，脱贫村1918个。重庆市的脱贫村大多位于秦巴山区、武陵山区集中连片特困地区，受地理位置影响，自然条件恶劣，产业基础薄弱，基础设施落后，农村带头人队伍、人才队伍建设等相对滞后。为解决脱贫地区干部人才建设存在的农村基层干部队伍相对老化弱化、选派到村的干部难以扎根、农村党员队伍整体结构不优这三方面的问题，突破人才缺乏对脱贫地区的瓶颈制约，实现高素质人才"逆向流动"，重庆市展开深入探索，将回引本土人才作为治本之策，吸引了一大批有理想、有文化、有能力、有情怀的优秀人才回到乡村挂职任职、创新创业，不仅为农村培养和储备了丰富人才资源，也为回流者自身带来新的发展机遇，形成回流人才与本土发展的共赢局面，为巩固拓展脱贫攻坚成果同乡村振兴有效衔接奠定了坚实基础。

二、项目实施和成效

（一）深入摸底动员，确保"引得回"

为进一步摸清全市农村本土人才底数，重庆市扶贫办会同组织部门和人社部门常态化开展专题调研工作，以镇街为单位，定期对本乡本土人才等开展摸底调查，掌握基本情况，掌握人才信息岗位需求及村（居）发展短板，提高回引本土人才的针对性，并建立本土优秀人才库，由镇街、村党组织和党员干部采取主动登门拜访、电话联络、座谈联谊、宣传创业政策等方式，打好"乡情牌""乡愁牌"，"点对点"动员本土优秀人才回村挂职任职、创新创业。同时通过丰富回引方式、加大宣传力度、整合政策资源、做好岗位匹配和对接等措施，合理配置人才资源，加快推进本土人才回引工作。2023年，重庆市动态回引 8900 余名本土人才在村挂职任职，持续加强驻村帮扶工作，向 7941 个行政村全覆盖选派驻村第一书记和工作队、乡村振兴工作指导员。

（二）强化激励保障，确保"留得住"

一是给予保障待遇。按不低于本地村专职干部标准确定在村挂职本土人才的报酬待遇，并建立动态增长机制。同时，对村干部（含本土人才）在职期间参加城乡居民养老保险的，区县财政补助标准由每人每年不低于 900 元提高到不低于 2000 元；参加城镇企业职工基本养老保险的，补助标准由各区县根据本地实际及相关规定确定。

二是给予创业扶持。提供返乡创业、大学生创业和创办小微企业等优惠政策，支持返乡本土人才发展农业特色主导产业、创办小微企业、领办合作经济组织、发展农村电商和集体经济等，为他们扎根农村、安心工作创造良好条件。重庆市各区县累计出台扶持返乡人员创业政策 318 余条，为返乡人员创业提供了强有力的保障。到 2022 年底，重庆市累计建立返乡创业园区 67 个，入驻企业 3710 户，吸纳劳动力就业 5.2 万人。重庆市还制定了《重庆市市级创业孵化基地（园区）认定和管理办法》，对创业园区开展绩效评估，截至 2022 年，累计向园区发放补助经费 8100 余万元，新冠疫情期间累计补助 440 万元。

三是给予发展出路。对培养成熟、表现突出、群众公认的在村挂职本土人才，及时推荐选拔进入村"两委"班子，优秀的可按程序担任村党组织书记、村委会主任。同时，统筹考虑乡、村两级干部队伍建设，全市每年拿出 100 个左右指标面向优秀村党支部书记、村委会主任定向考录乡镇公务员，各区县拿出一定指标面向优秀村干部和符合条件的本土人才定向招聘乡镇事业编制人员，本土人才在村挂职时间计入村干部任职年限，使乡镇干部队伍中有相当数量的熟悉乡情、会做群众工作的本地干部，真正实现壮乡强村。对那些回村后不适应、群众不认可的干部，及时让其另找出路、自谋发展。截至 2022 年，重庆市动态储备在村挂职本土人才 1 万名左右、村级后备力量 2 万余名。

（三）加强跟踪培养，确保"干得好"

一是加强培训。把本土人才纳入村干部轮训范围，采取市级示范培训、区县集中轮训等方式，每年对在村挂职本土人才进行全覆盖培训，重点培训学习习近平新时代中国特色社会主义思想和党的二十大精神、脱贫攻坚政策、群众工作方法和产业发展、实用技术、农村电商、基层治理等方面知识，人才学到真知识，才能干出真实事。武隆区筏子村本土人才申建忠领办"民绪"脆桃专业合作社，成功打造"仙女脆桃"品牌，带动周边几十个村一同致富；荣昌区马草村本土人才秦兆宏在当地创业扶持政策的支持下，发展柑橘基地 3000 余亩，带动周边 5 个镇 1000 多户农民实现增收；云阳县无量村本土人才杨大可回到家乡组建了大果水晶梨专业合作社，带动全镇 3000 多户农民参与种植，平均每户大果水晶梨收入达 3000～5000 元。

二是加强帮带。明确优秀本土人才一般挂职村党组织书记助理、村委会主任助理或其他综合服务岗位，并指定 1 名镇（街）党政班子成员"一对一"联系帮带，让其参与村务管理，强化实践锻炼，提升工作能力，确保其干出实绩，为家乡发展贡献力量。同时，对不是党员的优秀本土人才积极培养发展入党。

三是科学管理。到村挂职的本土人才由乡镇（街道）党（工）委负责日常管理考核，年度考核不合格、群众不认可的，不再安排挂职。对培养成熟、表现突出、群众公认的本土人才，及时推荐选拔进入村"两委"或选聘为专职干部。本土人才回村后，弥补了村干部知识技能方面的不足，在乡村振兴、基层治理等工作中发挥了积极作用，成为农村干部人才队伍的重要源泉。

三、经验与启示

（一）注重弥补基层人才短板，推动农村发展

回引的本土人才家在村里、根在故乡，更加了解乡情村情，适应本土生活，与从外地选派的大学生村官、第一书记相比，他们更具归属感，扎根本土的意愿更加强烈；与老村干部相比，他们有知识、有眼光、有激情、有抱负，在发展农村集体经济、农村电商等方面具有独到想法，能够与时俱进，能够做好巩固拓展脱贫攻坚成果同乡村振兴有效衔接，为全面推进乡村振兴奠定基础。

（二）注重激发基层治理活力，提升管理水平

大量优秀本土人才回村后，将学习到的管理经验、法律知识应用到实际工作中，推动建立党组织领导的自治、法治、德治相结合的农村基层治理体系，能够提升农村基层治理创新。这些优秀本土人才发挥懂管理的优势，积极参与村级民主决策，规范村务公开，提升村务管理水平；发挥懂法律的优势，能够调理化解一大批矛盾纠纷、信访积案、遗留问题等，推进基层治理法治化，促进农村社会和谐稳定，为做好巩固拓展脱贫攻坚成果同乡村振兴有效衔接提供良好社会环境。

（三）注重形成基层干部人才培养链，推进壮乡强村

本土人才在村挂职锻炼，在实践中提升履职能力，成效显著，解决了农村特别是脱贫村长久以来"后继乏人"的问题。同时，向优秀村干部和本土人才定向招录公务员和招聘乡镇事业编制人员，这样既能够调动村干部队伍积极性，又改善了乡镇干部队伍结构，为乡镇充实一大批熟悉乡情、基层工作经验丰富的干部，形成了基层干部人才培养链。根据重庆市区县持续推进本土人才回引工程后的普遍反馈，回引本土优秀人才，使乡、村两级干部队伍建设有了活水源头，在落实壮乡强村上破了题，是一个很好的基层干部队伍建设上的"供给侧改革"。

京蒙千里"医"线牵　共创全方位医疗协作新局面

——东西部医疗帮扶的"京蒙模式"

案例类型： 东西部协作

关 键 词： 东西部协作；医疗帮扶；卫生健康事业

摘　　要： 东西部协作是推动区域协调发展、协同发展、共同发展的战略布局，是巩固拓展脱贫攻坚成果同乡村振兴有效衔接的重要举措。北京市依托京蒙协作平台，以京蒙医疗协作为切入点，通过"组团式"帮扶、双向人才培养、医疗融合发展等举措，共同创建京蒙两地诊疗条件、医疗技术、医院管理、健康素养等全方位协作局面，推动了内蒙古自治区卫生健康事业高质量发展，初步探索了东西部协作的"京蒙模式"，为巩固拓展脱贫攻坚成果同乡村振兴有效衔接提供了经验借鉴。

一、背景

京蒙对口帮扶合作，是党中央实施东西部协作的重大战略部署，是支持内蒙古边疆民族地区发展的重大决策。从1996年国家确定京蒙对口帮扶以来，京蒙两地本着"优势互补、注重效益、互惠互利、共同发展"的原则，广泛深入地开展了多层次、多形式、多渠道的对口帮扶与合作工作，使内蒙古在巩固拓展脱贫攻坚成果同乡村振兴有效衔接方面取得了明显成效。2018年，内蒙古自治区与北京市签署了《全面深化扶贫协作三年行动框架协议》，京蒙双方合作交流日益频繁，形成了优势互补、资源共享、良性互动、合作共赢的良好局面。在国家东西部协作年度考核中，北京、内蒙古两地连续5年评价为"好"，成为东西部协作的典范。

在此背景下，北京市全面贯彻党的二十大和习近平总书记关于深化东西部协作工作重要指示批示精神，不断推动京蒙医疗协作机制向纵深发展，以推进"组团式"帮扶为发展基础，以双向交流的人才培养模式为工作抓手，以医疗融合发展为创新动力，共同创建京蒙两地诊疗条件、医疗技术、医院管理、健康素养等全方位协作局面，助力内蒙古卫生健康事业高质量发展。京蒙医疗协作案例入选国家乡村振兴局 2022 年度巩固拓展脱贫攻坚成果同乡村振兴有效衔接考核评估典型经验做法。

二、项目实施和成效

（一）推进"组团式"帮扶，深化京蒙医疗协作

一是搭建帮扶平台。北京市充分发挥医疗资源优势，不断深化京蒙医疗卫生对口帮扶。截至 2023 年底，北京 276 家医院与内蒙古 315 家医院建立结对关系，在人才培训、技术运用、学科共建、管理团队培养等多个方面开展协作帮扶工作。

二是推进"组团式"帮扶。北京市系统摸排帮扶地区稀缺专科建设及专技人才需求，统筹研究帮扶人才队伍建设，细化实化医疗帮扶目标责任，把帮扶重点更多放在"传帮带"、培育本地专业人才、提升管理服务水平上。

三是聚焦长效协作。北京组织医疗卫生机构新签或续签帮扶协议 269 份，助力帮扶地区医疗卫生事业高质量发展。在京蒙双方共同努力下，内蒙古 31 个脱贫旗县医院均达到二级以上综合医院要求，服务能力基本标准达标率突破 70％。

（二）开展双向交流，培育本土人才队伍

一是引进先进技术。北京市根据当地医疗需求，选派多名专业骨干人

才，构建"组团式"医疗帮扶团队，到帮扶医院进行长期医疗帮扶工作。2023 年，北京选派 322 名医疗卫生专业技术人员赴内蒙古结对旗县执行援派任务，全年接诊各类患者 9.12 万人次。北京医疗帮扶团队通过"传、帮、带、教"为扎赉特旗人民医院提供全方位指导，一年多的时间帮助开设了呼吸科、中医康复科、介入科和急症监护病房，填补了当地输尿管软镜下钬激光碎石取石空白。

二是加强实地培训。内蒙古结对地区受援医院每年派出多批医疗技术人员进京进行跟岗培训，北京各相关医院根据跟岗培训人员的基本情况和实际需求，制定个性化培训方案，妥善安排入科学习。2023 年，北京市共组织内蒙古结对地区医疗人才跟岗培训 1194 人次。

三是建立长效机制。北京市通过线上培训＋线下指导、组织选派人才定期回访、开展重点科室长期帮建、建立离任人才回访机制等方式，拓宽学科帮扶深度和基层人才培养渠道，形成持续互动的京蒙培训模式。北京市东城区援蒙医生针对化德县脑卒中发病率较高的情况，对化德县中蒙医院内科 6 名医师开展专题培训，对溶栓后患者的二级预防及康复治疗做出规范化指导，使该院护理人员知识与技术操作水平有了明显提升。

（三）实施"三个推进"，促进医疗融合高质量发展

一是推进中医、西医与蒙医融合发展。北京市立足农牧区高发疾病和农牧民用药习惯，结合北京地区中医优势学科资源，以传统中医带动支持中西医和蒙医融合发展。北京东直门医院将支持蒙医发展作为首都和自治区首府健康行动重要内容，指导呼和浩特市蒙医中医医院，整合院内中蒙西医资源，高标准建设防治卒中心。

二是推进医疗与旅游产业相结合。北京结合当地自然资源禀赋与民族传统医学，因地制宜推动内蒙古医疗与旅游两大产业有机结合，焕发医疗服务新力量。北京市东城区第一人民医院根据阿尔山发展规划，结合当地

丰富的温泉、中药材等自然资源，从蒙中医药文创、蒙中医博物馆建设等蒙中医药产品角度，着力打造医康养融合的旅游、康养体系，协作开发医康养项目，深入发掘当地传统医学"阿尔善疗法"潜力，为当地打造"特色医疗名片"。

三是推进医疗联合体建设。北京市协调推进京蒙对口医疗机构医疗联合体建设，初步探索出"当地首诊、双向转诊、急慢分治、两地联动"的联合诊疗模式；推动旗、乡、村三级医疗卫生组织联动，形成由基层初级问诊到"大病难病"转院诊治的合作医疗模式；积极探索互联网平台跨区域医疗新模式。截至 2023 年底，北京在内蒙古结对地区开展远程医疗服务 1 万余人次。

（四）拓展多重输出，构建全方位医疗帮扶体系

一是改善诊疗条件。北京市顺义区援蒙医生主动带领巴林左旗医院医生开展 DAA 入路全髋关节置换术、VSD 负压封闭引流等新业务，为患者解除病痛。北京中康联公益基金会联合国家卫生健康委开展连心工程，通过捐赠医疗物资、开展专题人才赋能培训等方式，推进内蒙古基层医疗人员能力提升和卫生条件改善。

二是填补技术空白。北京市援助医院认真梳理受援医院当前门诊、病房适宜技术名录，结合当地病种特点和医院发展需求，积极开展和推广适宜新技术、新疗法，让当地农牧民不出远门就能享受到北京优质医疗服务。如北京友谊医院填补鄂伦春自治旗人民医院在泌尿外科领域三级手术上的治疗空白；国家中医药管理局助力化德县开设首个男科门诊，推广多项肛肠领域微创手术等。

三是优化管理效能。北京通过优选高层次医院专业化管理人员到内蒙古各医疗机构担任院长和选派医疗管理骨干等方式，将北京的先进管理经验带到内蒙古，如完善重点科室工作制度、探索医院绩效考核和薪酬分配制度改革等，有效提升当地医疗服务管理水平。在京蒙东西部协作框架

下，北京各相关单位帮助内蒙古医疗机构建立临床重点专科21个，填补空白科室58个，完善上百项医疗卫生管理制度，使当地的诊疗服务能力和医疗水平明显提升。

四是增强健康素养。北京市派出医疗团队开展义诊、健康咨询、入户巡诊等活动，并为内蒙古医务人员进行健康饮食、慢病防治、急危重症抢救及传染病预防等多方面培训，加强当地公共卫生领域帮扶，帮助广大农牧民正确认识疾病、预防疾病，树立科学健康的生活理念。

三、经验与启示

（一）加强指导培训，培养本土人才

北京市充分发挥医疗资源优势，为当地量身定制人才培养计划，打造专业能力过硬、适配当地需求的医疗人才队伍，推动医疗"造血式"帮扶，激发内生发展潜力。开展东西部协作、培养本土化人才要坚持引进技术与外出培训相结合，一方面引进专业人才加强指导；另一方面开展实地学习培训，扩大传帮带效果，培养一支带不走的本地专业人才队伍。

（二）尊重传统习惯，搭建协作平台

北京市立足农牧区高发疾病和农牧民用药习惯，以传统中医带动支持中西医和蒙医融合发展，促进了两地医疗资源共享和优势互补，走出了一条融合创新的医疗协同发展之路。东西部协作要尊重帮扶地区的传统习惯，在发挥本土优势的基础上引进外来技术，搭建传统性与现代性融合发展的沟通协作平台，确保乡村发展既不脱离本土性特征，又具有现代化色彩。

（三）聚焦长效发展，完善服务机制

京蒙医疗协作改变以技术输出为主的单项帮扶模式，持续丰富帮扶内

涵，不断拓展管理经验、健康素养、公共卫生等层面的输出，实现京蒙两地医疗机构全面系统对接，提升了内蒙古医疗服务整体水平。实践表明，东西部协作既要注重技术、设施等外部资源的提供，又要注重管理、理念等内部机制的构建，为提升乡村公共服务能力、全面推进乡村振兴提供长效机制。

"社会组织＋农民合作社"打造助农新典范

——中国乡村发展基金会"善品公社"项目支持农民合作社发展

案例类型：社会帮扶

关 键 词：社会组织帮扶；农民合作社；特色产业发展

摘　　要：为促进脱贫地区特色产业发展，补齐特色农业产业短板，中国乡村发展基金会（原中国扶贫基金会）探索出"以合作社为组织基础，善品公社为统一品牌"的产业帮扶模式。该项目以增加农民和村集体经济收入为核心，以提升特色农产品市场竞争力为着力点，以生产社会化服务和农产品公共品牌打造为抓手，以农民专业合作社为依托开展市场经营、社员服务和利益分配，整合各类社会资源，有序系统性地引导资源支持地方特色农业全产业链赋能升级，在政府统筹下构建起"政府＋社会力量＋农民合作社"合作机制，创新探索出农民充分参与和充分受益的产业帮扶新模式。

一、背景

2014 年，中国乡村发展基金会（原中国扶贫基金会）在四川省雅安市开展灾后重建工作和"互联网＋扶贫"的探索时，偶然发现当地农户用扁担挑着沿路叫卖的"毛梨儿"（猕猴桃的当地叫法）口感不错、价格低廉，而超市进口的某知名猕猴桃的价格却非常高昂，两个猕猴桃品种的价格却是天壤之别。为了更好地帮助这些农户灾后重建，帮助优质农产品卖出好价格，中国乡村发展基金会（原中国扶贫基金会）将本地猕猴桃通过互联网进行推广。以众筹的方式售卖，邀请明星、媒体等资源协助，仅仅三天就卖光了。这让农户们尝到了甜头，也让中国乡村发展基金会（原中国扶贫基金会）意识到"互联网＋"在农产品销售上的巨大发展潜力。2015年1月29日，善品公社应运而生。秉承"授人以鱼不如授人以渔"的理念，以"让诚信生产实现价值"为使命。希望通过"以合作社为组织基础，善品公社为统一品牌"的模式，在小农户与城市消费者之间架起一座信任的桥梁。让农户诚信生产的产品赢得消费者信任，让农民有尊严地劳作，可持续地增收。实现"耕者有尊严、食者得健康"这个美好愿景。近年来，该项目进一步深入巩固拓展脱贫攻坚成果同乡村振兴有效衔接中，通过整合社会资源，支持小农户抱团合作，生产优质农产品，打造县域农产品公共品牌，探索出"以合作社为组织基础，善品公社为统一品牌"的帮扶模式。根据中国乡村发展基金会的官方数据，截至2023年年底，善品公社项目累计筹款1.97亿元。项目启动9年来，惠及全国22省（自治区、直辖市）149县（区、市）的209个合作社，农户数达到85392户。

二、项目实施和成效

（一）以合作社培育为基础，提高规范运营能力

通过对当地已有合作社进行股权改制，中国乡村发展基金会筛选出对善品公社的理念、运作模式等具有高度认同的农户，并适度提高社员出资额度，使入社农户形成更紧密的利益"共同体"，提高合作社产销全程组织化经营管理能力。

同时，引入参与式的理念和方法，对于合作社组织体系构建、生产技术规程编制、认证机制设计等重大事项按照"宣传动员—集体讨论—集体决议"的流程进行决策，形成紧密的参与机制。按照"一统、二分、三保障"的机制，农户除了能够获得60％交易额返还和40％按股分红外，还将获得合作社净利润的5％设立的发展基金，有效提高农户参与感和获得感。

项目通过培育农民专业合作社提高农业生产的规模和效率，通过深耕产品品控管理提高产品品质，通过打造地域公共品牌提升市场信任，形成"上游共耕、链条共建、品牌共享"发展模式，促进小农户与消费者信任链接和城乡互动，助力脱贫地区特色产业转型升级。

（二）以质量提升为核心，提升产品市场竞争力

中国乡村发展基金会立足市场需求，通过提高产品质量，提升产品市场竞争力。

在科技支撑上，善品公社以县域为单元，由当地政府、社会组织、合作社协同发力，为产地引进先进的设备设施，探索建设"产地联合仓"的产业集聚发展模式。目前已在 14 个市（县）建设 35 个产地仓储中心，并开展电商运营专业化培训，其中秭归脐橙产地供应仓单品日发货量突破 7 万单，有效提升了产地供应链服务能力。

在技术规范上，根据不同产品整合外部专家、农技人员、本土能人（三级执行体系）共同编制更具适应性的农产品生产技术规程。此外，将消费者引入品控共建，通过"品鉴师"机制，邀请消费者做"产品盲测"，对产品品相、口感及包装等多个维度进行体验，并定期反馈，通过与消费者的直接、直观接触，进一步培养品控管理意识和行动自觉。

目前，该帮扶项目已经在四川、云南、山西、广西、贵州等 19 个省（自治区）、109 个县和 138 个合作社落地，其中被农业农村部认定为全国典型示范合作社案例 2 个，被评为"国家级农民合作示范社" 3 个，被评为"省级农民合作示范社" 9 个。

（三）以市场需求为导向，助力品牌打造推广

善品公社秉承"共享品牌"的理念，与当地政府合作，致力于共同打造区域公共品牌。

在品牌打造上，善品公社依托各地区特色农产品的资源优势，推动了如舒兰大米、盐源苹果、富平柿饼等 109 个特色产业的提质增效。通过从粗放种植向精细管理的产业升级，完善了产地仓设施设备，如生产操作车间、晾晒棚、分拣包装等，从而提升了产品服务和市场竞争力。善品公社还构建了企业团购、自营渠道和平台拓展相结合的渠道架构，全面提升了市场销售渠道和规模。以石棉县黄果柑为例，2022 年的品牌价值达到了 12.22 亿元，相比 2016 年增长了两倍，显著提升了县域品牌价值。

在品牌推广上，一方面通过整合主流电商平台、新媒体、明星名人等资源，善品公社采用整合营销策略，开展多维度的立体营销推广活动。在销售渠道的拓展上，善品公社与天猫、淘宝、京东、有赞等知名电商平台合作，同时开展企业团购、员工福利采购、定点帮扶采购等消费帮扶行动，以实现农产品的优质优价，扩大市场销售额。另一方面，善品公社还策划并开展农产品主题营销推广活动，利用明星和网络达人的影响力，邀请多位知名艺人参与传播和直播活动，为农户站台点赞，有效提升了县区特色农产品在互联网市场的品牌知名度和影响力。

（四）以能力培养为关键，注入人才发展活力

依托中国乡村发展基金会，善品公社项目在全国范围内整合优质师资力量，同时组建内部培训团队和筹集人才培养资金，成立四川蒙顶山合作社发展培训学院，以课堂教学、点位实训、种子资金、市场扶持"四位一体"为人才培养模式，以合作社理事长为主要培养对象，同时兼顾返乡人员、农村基层负责人、涉农（挂职）干部的系统性培训，累计培训近 3000 人次，为帮扶地区产业发展和社区治理提供人才支撑。

此外，该项目尤其注重对本地农业新型经营主体的孵化，注重社员农户向本土农技能人转变的培训，以填补县域不同类型的人才空缺。通过培养学员的顶层设计能力和务实能力，在生产、运营、销售的全链条中以"带头人＋团队"的方式组建本土团队，加速人才成长。

（五）以利益共享为重心，形成社会帮扶合力

一方面，通过建立"村集体＋合作社＋农户"的利益共享机制，围绕全产业链布局，该项目盘活产业发展要素资源，支持 30 家合作社组建和成立生产技术服务队、综合服务站和分拣中心，大幅度提高了劳动生产效率、产品规模质量，同时创造了农户就地就业和就业增收机会。合作社社员通过农产品销售、二次返利和股金分红实现年均增收 1500 多元，合作社销售季带动低收入人口和妇女本地务工 5815 人次，直接务工收入近3000 元。善品公社以"优品优价"原则和品牌溢价机制，形成区域农产品市场的价格杠杆，以合作社收购价为基准，均衡区域产品收购价格整体提高近 20％，农户普遍实现增收。

另一方面，该项目按照"立足长远、精准帮扶"的思路，充分整合社会资源，立足各自资源优势支持当地特色产业发展，建立"当地政府＋帮扶单位＋社会力量"的合作机制，有效形成资源集聚效应，助推特色产业的转型发展和农户可持续增收。通过撬动企业、明星、政府、农户资源，形成社会资源、助力社会企业发展的营商环境。成立至今，善品公社得到中国石油、中国证监业协会、中国民生银行等近百家企业的资金、供应链及品牌资源支持，以及与超过 150 位明星艺人、超过 100 位网红达人合作，初步形成了社会力量参与乡村产业发展的"生态圈"。

三、经验与启示

（一）社会组织帮扶需要构建多方参与的合作模式

在现代社会背景下，社会组织在推动农业发展和乡村全面振兴中扮演着越来越重要的角色。通过构建多方参与的合作模式，社会组织能够整合不同领域的资源和力量，形成合力，促进农业产业的全面发展。善品公社项目通过"政府＋社会力量＋农民合作社"的合作机制，实现了资源整合

和优势互补。这种模式不仅提升了合作社的组织化、规模化水平，还增强了农户的市场竞争力，为其他地区特色农业产业的发展提供了可借鉴的经验。

（二）社会组织帮扶需要科技支撑与品牌建设并重

在农业产业的发展过程中，科技和品牌是两大核心驱动力。科技的引入可以提高农业生产的效率和质量，而品牌的建设则能够提升产品在市场中的竞争力和影响力。善品公社项目在提升产品质量的同时，注重科技支撑和品牌建设，通过引入先进设备和设施，建设产地联合仓，提高了供应链服务能力。同时，通过整合营销策略和立体营销推广活动，提升了品牌知名度和影响力。这种双轮驱动策略不仅提高了产品的市场竞争力，也为农户带来了更高的经济收益，证明了科技与品牌是推动农业产业升级的重要动力。

（三）社会组织帮扶需要建立人才培养与利益共享机制

人才是推动农业产业发展的关键因素，而利益协调机制则是确保各方能够共享发展成果的重要保障。善品公社项目通过建立人才培养机制和利益共享机制，激发了农户的积极性和创造性。项目依托四川蒙顶山合作社发展培训学院，对合作社理事长等进行系统性培训，提高了他们的管理能力和市场开拓能力。同时，通过建立利益共享机制，确保了农户能够从产业发展中获得实实在在的收益，增强了他们的获得感和幸福感。这种以人为本的发展模式，为乡村振兴和农业产业的可持续发展提供了坚实的人才和利益保障。

深化模式创新　扩大帮扶效应

——中国华融创新金融帮扶模式

案例类型：社会帮扶

关 键 词：社会帮扶；定点帮扶；金融帮扶

摘　　要：中国华融在定点帮扶宣汉县的过程中，创新金融帮扶模式，使得宣汉县由原来的贫困县成为"全国县域经济百强县"，为社会力量定点帮扶提供了可供借鉴的实践样本。在定点帮扶的过程中，中国华融以强化组织统筹为抓手，以拓展金融帮扶为手段，以立足主业专业为补充，以发挥平台优势为依托，实现了宣汉县巩固拓展脱贫攻坚成果同乡村振兴有效衔接。中国华融的金融帮扶模式为社会力量定点帮扶脱贫地区提供了有益借鉴。

一、背景

中国华融[①]深入贯彻党中央、国务院战略部署，克服困难和自身没有普惠业务的局限，深化金融帮扶模式创新，在定点帮扶中找准抓实资产管理公司服务"巩固拓展脱贫攻坚成果"的着力点，全面落实帮扶责任，探索建立稳定脱贫的长效机制，努力将定点帮扶的"责任田"打造成金融服务巩固拓展脱贫攻坚成果同乡村振兴有效衔接的"示范田"。中国华融自2002年起对四川省宣汉县开展定点帮扶，全力以赴支持宣汉县顺利摘帽，使得宣汉县由全省"贫困人口最多的县"转变为"脱贫人口最多的县"，

---

① 该集团已于 2024 年 1 月改组并入中信集团。

全县 GDP 由 2002 年 34.7 亿元大幅增长至 2022 年的 621.8 亿元。2023 年 7 月，根据赛迪顾问发布的《2023 中国县域经济百强研究》，宣汉县成功入围"全国县域经济百强县"。

二、项目实施和成效

（一）以强化组织统筹为抓手

一是主要领导亲自抓。公司党委高度重视定点帮扶工作，党委书记刘正均主持召开党委会、定点帮扶工作领导小组会，组织公司上下认真学习习近平总书记重要指示精神和上级文件要求，应对新冠疫情影响加大监测帮扶力度，牢牢守住不发生规模性返贫的底线，对巩固拓展脱贫攻坚成果同乡村振兴有效衔接工作进行全面部署推动。

二是聚焦重点定计划。对照中央考核评价办法要求制定年度帮扶工作计划，聚焦产业、就业、民生等重点领域组织实施 12 个帮扶项目，并创新开展租赁、基金等 7 个金融帮扶项目，深化消费帮扶、党建帮扶及引进帮扶。

三是层层推进保落实。压实"公司定点帮扶办、分（子）公司、帮扶干部"层层抓落实的责任机制，落实一把手工程，凝聚最大合力，确保任务落实到位。截至目前，公司累计向宣汉县投入及引进各类帮扶资金 1.2 亿元，精准实施 200 余个帮扶项目，派驻定点帮扶干部 16 人次。

（二）以拓展金融帮扶为手段

一是深入开展融资租赁帮扶。中国华融在已连续 3 年开展庙安镇李子酒厂融资租赁项目的基础上，进一步创新并复制推广设备回租金融帮扶模式，立足宣汉县特色 4A 级景区——巴山大峡谷文旅游资源禀赋，组织华融租赁深入调研论证，精心设计方案，免收各项费用，最大程度让利，通过盘活旅游公司电动观光车等设备资产，克服新冠疫情困难于 2022 年 2

月底第一时间提供 200 万元资金支持，有效帮助缓解因新冠疫情造成的现金流问题，有力支持宣汉县重点文旅产业发展，辐射带动山区乡镇十余万土家族百姓就业。同时继续抓好李子酒厂项目管理，在提供 218 万元授信及资金支持基础上，进一步为企业提供免费营销咨询服务、帮助扩大销售渠道、提升脆红李产业附加值。

二是用好用足"华融-宣汉乡村振兴产业基金"。在 2021 年底与宣汉县共同成立基金的基础上，组织华融证券加快推进项目投放，切实做到立项、调研及投审各项流程无缝衔接，于 2021 年 5 月实现首个项目 100 万元投放。截至 2023 年 11 月，已投放资金 900 万元，重点支持宣汉县特色"巴国老车"品牌车厘子产业发展，帮助公司驻点村建成川东地区最大的车厘子示范基地。2024 年，仁义村车厘子种植基地产量达 100 吨，年产值达 1000 万元。目前，宣汉县车厘子栽植面积已达六七千亩，车厘子产业发展呈现蓬勃态势，成为当地主导产业。在项目投放的同时，中国华融发挥金融专业优势、市场化手段，通过最大限度降低利率、提升服务质量，切实惠农利农；通过加强利益联结机制跟踪落实、增加风控措施、压实日常监督管理职责等三方面措施强化基金管理，增强滚动效应和"造血"功能。

三是提供金融培训及咨询服务。中国华融创新培训形式，通过"线上＋线下""课堂教学＋现场教学""户内＋户外"相结合，注重案例教学及场景式体验，深入现代农业园、基层先进示范村交流，有针对性地重点讲解学员感兴趣的内容和疑问。优化培训内容，将乡村振兴技能、金融知识等作为培训重点，深入调研当地培训需求，以"党建＋金融助力乡村振兴"为主题开展培训。华融证券针对宣汉县需求，提供"政府引导基金"专题培训，因地制宜挖掘当地资源，增加有效培训时间；开展课后效果评估，跟踪参训人员意见，为进一步提升培训效果奠定基础。

四是聚焦乡村教育建设。中国华融一直坚持志智双扶，紧紧围绕"学校、教师、学生"三要素，截至 2023 年累计向定点县投入教育帮扶资金 4758 万元。中国华融捐献学校实现从幼儿园、小学、中学"全覆盖"。目前为止，中国华融捐建 3 所学校、27 处教学用房、6 栋学生宿舍、8 座运动场、38 口饮水井，1800 个"华融学生床"及"华融桌"，持续为数万名山区学生提供教学保障；其中，投入 1000 万元支持建成的黄金中学，教学班由 22 个扩大为 40 个，学生数由 1700 名扩大为 2500 名，惠及 6 个乡镇 8 万百姓。中国华融连续 7 年组织开展"中国华融最美山村教师"帮扶项目，通过奖励及培训，激励 410 余名优秀山村教师坚守乡村一线讲台。中国华融持续实施"中国华融奖助学金项目""一对一"爱心助学项目，共帮助困难学生 5000 余人次实现求学梦想。

（三）以聚焦主业专业为基点

一是立足金融服务。中国华融重庆分公司为宣汉县提供不良资产债务优化咨询支持，四川分公司持续抓好市场化债转股项目管理，2023 年帮助企业实现年产钢材 264 万吨、利税 15 亿元，带动就业 200 人，同时协同中信银行达州分行服务县域经济发展，为宣汉县提供 5000 万元贷款支持。中国华融全力做好蓝光达州项目风险防范化解工作；重庆分公司为宣汉县国资办、平台公司提供债务优化咨询服务，与达州市金融局对接金融服务需求。

二是立足金融支持。组织华融融达期货提供生猪"保险＋期货"产品，缓释生猪价格风险，支持稳产保供；与银行合作开展"贷款贴息"项目，支持解决农户和小微企业"融资难、融资贵"问题；为定点县 1.1 万不稳定户、边缘户提供防贫保险保障，防止返贫致贫。

三是立足定点县资源。结合宣汉县特有锂钾矿产资源，青海、深圳、贵州分公司积极推介对接能源产业客户及科研院所，为宣汉锂钾产业发展提供咨询支持。截至 2023 年，宣汉县建设了一批年产值超过 10 亿元的锂钾项目，形成了完整产业链，产品涵盖了碳酸锂、氢氧化锂等多个品种，广泛应用于新能源汽车等领域。同时发挥宣汉县天然气能源价格优势，中国华融推动行业头部企业投资玻纤产业。宣汉县形成了从玻璃纤维原丝到玻璃纤维增强塑料（GFRP）的完整产业链。宣汉县微玻纤新材料产业园被列入省级"5＋1"重点特色产业园区，年产值达到200亿元。

（四）以发挥平台优势为依托

一是搭建客户平台，引进资金。2023年，中国华融帮助制定《宣汉县招商引资方案》，组织全公司宣传推介。引进证券公司与宣汉县签订帮扶协议，提供上市辅导服务；引资新建200亩车厘子园及发展茶叶、腊肉产业。结合当地特有矿产资源，引入头部企业投资项目、联动科研院所提供专业技术支持。

二是拓展帮销平台，激发效能。中国华融在市场化专业电商"本来生活"网上线华融消费帮扶专区，结合宣汉县农业资源禀赋及农产品特色优势，通过"产品升级＋供应链优化＋品牌打造＋产业升级"的方式，合力探索消费帮扶及产业链发展创新模式，加快推动宣汉县农产品流通及农业产业发展提质增效。

三是深化党建平台，抓实成效。中国华融进一步拓展支部党建结对共建的广度和深度。截至2023年，中国华融39家基层单位与宣汉44个村党支部开展结对共建，深入脱贫村开展基层党组织联建，加强基层党组织建设，推动党建与帮扶工作互促共赢。各单位发挥党建优势，着力把党建优势转化为帮扶优势，将党组织活力转化为乡村振兴动力，实现党建与帮扶工作双促进双提升。

三、经验与启示

（一）立足当地特色资源，发挥区域优势

中国华融立足当地文旅资源、农业资源、矿产资源，为宣汉县打造了

一系列符合当地特色的产业发展规划。通过精准定位和市场导向，中国华融推动了文化与旅游、农业与加工、矿业与新材料等产业的深度融合，为宣汉县经济发展注入新活力。同时，这一系列帮扶措施也为其他地区提供了可借鉴的经验，展示了如何依托本土资源，实现特色产业升级以及巩固拓展脱贫攻坚成果同乡村振兴有效衔接的路径。

（二）发挥金融企业优势，创新帮扶模式

中国华融运用其专业能力和资源整合能力，为宣汉县量身定制金融帮扶方案，有效推动了当地产业的转型升级和可持续发展。此外，中国华融通过搭建平台，促进信息共享，提高帮扶效率，实现了金融帮扶与巩固拓展脱贫攻坚成果的有效对接。中国华融的成功经验表明，金融企业等社会力量在巩固拓展脱贫攻坚成果中能够发挥重要的推动作用。

（三）坚持鱼渔兼授，激发内生动力

中国华融定点帮扶注重短期成效与长期发展相结合，既提供物质帮助，又提供技术和资源，帮助宣汉县形成完整的产业发展模式，激发当地自我发展的内生动力。通过援助教育、加强培训指导、协调技术资源等形式，使宣汉县形成了完整的产业发展模式，有效激发了宣汉自主发展的内生动力。这种"鱼渔兼授"的帮扶方式，增强了当地经济的自我循环能力，为宣汉县的长远发展奠定了坚实基础。中国华融的帮扶经验表明，社会帮扶不仅要"授人以鱼"还要"授人以渔"，使受援地能够在帮扶中不断强化自我发展能力。

建共配中心　助农产品上行

——阿里巴巴集团深度推进陕西省宜君县社会帮扶

案例类型：社会帮扶

关 键 词：社会帮扶；农村电商；乡村振兴特派员

摘　　要：在面向乡村振兴的"热土计划"中，阿里巴巴集团不断探索应用自身的数字化技术，实施互联网和农业发展相结合的新模式。为应对陕西省铜川市宜君县农产品销售不畅的困境，阿里巴巴集团派出"乡村振兴特派员"常驻宜君，在当地建成并运营"菜鸟乡村农产品上行中心和共配中心综合体"智慧物流体系和遍布镇、村的电商服务站及物流运输专线，有效破解了乡村物流"最后一公里"难题；同时，通过打造特色农产品品牌，培育农村电商人才，利用直播、平台拓宽销售渠道，成功助力当地农产品上行。阿里巴巴集团的深度帮扶，使陕西宜君突破了地处山区的不利区位因素限制，实现了农民增收致富和农业转型升级，也成为了社会帮扶助力巩固拓展脱贫攻坚成果的范例。

一、背景

陕西省铜川市宜君县位于关中平原与陕北黄土高原的结合部，受地理位置和历史因素影响，曾经长期处于国家级贫困县行列。为助力宜君实现产业科学发展、以互联网的新思路焕发老城新活力，2020年初，阿里巴巴将宜君列为重点帮扶县域，同时选派资深员工作为乡村振兴特派员进行驻地工作。三年多来，阿里巴巴深入结合宜君的产业特色，充分发挥自身电商和平台优势，扎实投入、开拓创新，助力宜君农产品上行取得良好成效。也正因为特色产业蓬勃发展，有效带领农民增收致富，社会影响良好，宜君成功入选 2021 年全国"农产品数字化百强县"榜单。

二、项目实施和成效

（一）焕新"人货场"，提升农产品电商核心竞争力

"人货场"是一个用来描述电商平台核心要素和运营模式的概念，它认为"人""货""场"是零售行业至关重要的三要素。阿里巴巴整合电商平台资源，实践"强氛围""选好品"和"拓渠道"的"三步法"，并通过带动生态伙伴助力，有效提升了宜君农特产品的市场竞争力。

"强氛围"主要是通过内育外联的工作，培育和丰富宜君本地电商生态，帮助宜君培养更多的优秀商家，推动优质的平台头部商家对接宜君的优势产业或农产品，丰富当地优质农产品的供应链。"选好品"是利用平台的大数据能力，甄选出适合平台销售、用户欢迎的农产品，使供给和需求精准匹配，从而打造出优势好品。如阿里巴巴帮助宜君顺利开发"柿饼夹核桃"和"枣夹核桃"，并迅速成为网红爆款。"拓渠道"主要是通过针对性地对接聚划算、淘宝直播、盒马鲜生、兴农脱贫、优酷等渠道资源，联动阿里巴巴大农业、大食品等行业，帮助宜君农产品从卖出去到卖得好。

同时，阿里巴巴还协助宜君优化电子商务营商环境。陕西知行天晟网络科技有限公司是陕西知名的水果生鲜电商企业，旗下运营的"小城外天猫旗舰店"是天猫平台榜上的顶级商家。经阿里巴巴的协调，公司负责人在考察过宜君的水果产业和相关设施，并了解到政府对电商产业发展的优惠政策后，于 2020 年 12 月将公司搬迁至宜君。之后，陕西丝路创客电子商务有限公司、陕西本鲜农业科技有限公司、陕西御品天成电子商务有限公司等多家在陕知名电商企业也相继入驻，有力推动了宜君涉农电商产业的快速发展。

（二）建设新设施，筑牢农产品上行发展基础

物流成本是决定一个区域电商发展的关键因素。2020年之前，1斤宜君玉米糁的电商包邮销售价约为16元，其中邮费就高达11元，高昂的邮费导致宜君玉米产品在零售市场上竞争力不足。加之受快递物流节点等级低的影响，无法做到及时发及时运，宜君玉米糁每年通过电商平台的销售量不足100斤。宜君生产的其他农产品也是如此，销售状况均不容乐观。

2021年，阿里巴巴与宜君县政府合作建设了全国第一个"菜鸟乡村农产品上行中心和共配中心综合体"。这一智慧物流设施的落地，有效解决了网货下乡"最后一公里"的难题，实现了对全县物流快递收发网点的智能化管理和双向物流提速降费，大幅提升了农产品上行的物流运行速度和降低了物流运输成本。通过该项目的落地和实施，宜君建立了直达西安的"物流高速公路"，使大多数地区能够实现"今天在树上，明天在路上，后天在手上"的购物体验。

在物流新基建提升优化后，宜君玉米产业实现了升级发展。1斤玉米糁邮费降低到1.9元，在主流电商平台上包邮销售价也随之降至5.8元，这一价格优势直接带来商品销量的提升，使得宜君2021年通过电商平台销售的玉米糁超过了100万斤。就电商销售总额而言，宜君更是在近年来实现了显著增长，2020年突破1亿元，2021年达1.5亿元，2022年高达2.1亿元。

（三）打造新品牌，多维度提升农产品影响力

过去，因为包装简单、品牌纷杂，宜君县优质农产品在线上难以获得消费者青睐。为扭转宜君有好的农特产品但品牌影响力弱的局面，阿里巴巴在宜君落地"寻找远方的美好"公益项目，通过融合本地元素、系统打造特色品牌，进一步提升宜君农特产品的影响力。项目设计师挖掘利用宜君传统文化资源，以当地魏碑石帖字体为基础、以剪纸和农民画等民间艺

术为载体，对宜君苹果、玉米、核桃这三大特色农产品外包装进行重新设计和数字化改造。为了维护品牌形象，宜君县经济贸易局还牵头出台了《宜君县农产品统一包装使用管理办法》，鼓励使用统一品牌和包装、合理使用有奖、不当使用有罚。

在品牌升级改造之后，阿里巴巴还借助与"网红"主播的公益带货合作，带动宜君农产品被全国网友关注超过了 3 亿人次，迅速提升了宜君品牌的商业价值和宜君数字经济软实力。借助"蚂蚁森林"、"芭芭农场"等新兴游戏化运营方式，对外推介宜君优质农产品。对适宜便捷销售的宜君蜂蜜水制品，协调支付宝落地物联网（IoT）智能货柜销售，在全国 12 个省（自治区、直辖市）覆盖了近 10 万个网点。

2022 年夏天，为助力陕西宜君的西瓜卖出好价钱，阿里巴巴派驻宜君的特派员王尚念，助力老乡们使用以宜君农民艺术家郭华老师的农民画为原型制作的西瓜包装，从渠道、品控、物流、服务等多个方面入手，帮助当地日销一万斤西瓜，实实在在给老农们增加了收入。

（四）培育高素质农民，探索增收致富新途径

阿里巴巴还依托淘宝教育、村播学院等培训资源，与宜君成立乡村振兴电商人才学院，结合电子商务进农村综合示范县项目，开展不同层级、不同人群的电商和直播培训，已实现了每村至少一名电商人才、一个电商商户。

宜君涌现了"养蜂新农人陈硕士""苹果电商一姐杨小杨""村播达人刘小朋"等能人典型。"80 后"新农人、西北农林科技大学硕士陈明涛，看到乡村电商发展的新机遇，毕业后返回家乡从事中华蜂养殖。他发挥自己的专业特长，利用互联网渠道将本地传统的中华蜂蜜进行网络营销推广，并为蜂蜜产品注册了"陈硕士"商标。在阿里巴巴帮助下，他成功打造形象鲜明的文化 IP，实现了企业销量提升 10 倍。正是由于不断改善电商环境，不断加大对电商人才的重视，宜君电商商家数量迅速增加。2020

年底宜君电商企业为 185 家，已经是"十三五"初的 20 倍，2021 年底又达到了 235 家。

三、经验与启示

（一）重视数字新基建，持续加强农村电商基础设施建设

在当今数字化时代，加强农村电商基础设施建设对于推动农村经济发展至关重要。数字新基建可以助力农村电商升级，提高物流配送效率，降低交易成本，扩大农产品销售渠道。通过建设高速互联网、智能仓储、物流配送等设施，可以有效提升农村电商的运营效率和用户体验，进一步释放农村市场的消费潜力。因此，政府和社会各界应共同努力，加大投入力度，完善农村电商基础设施，为乡村振兴奠定良好物质基础。

（二）提升文化软实力，有效助力特色农产品品牌化建设

提升文化软实力，不仅有助于传承和弘扬中华优秀传统文化，还能为特色农产品品牌化建设提供有力支持。通过将文化元素融入农产品品牌建设，可以提升品牌的内涵和附加值，增强市场竞争力。同时，加强文化创意和设计服务，能够为特色农产品注入新的活力，推动产业升级和高质量发展。因此，应注重文化与农业的深度融合，以文化软实力赋能特色农产品品牌化建设。

（三）激发人才创造力，积极推进高素质农民队伍建设

高素质农村电商人才是推动农村电商发展的关键力量。要加强对农村电商人才的培训和教育，提高他们在电商运营、营销策划、供应链管理等方面的专业能力。同时，要鼓励和支持高校、电商企业等各方力量参与农村电商人才培养，建立多元化的农村电商人才体系。此外，还应完善农村电商人才的激励机制，为优秀人才提供更好的发展机会和待遇，激发他们的创新活力，推动农村电商产业的持续发展。

第三篇

建设宜居宜业和美乡村

推行"四联"工作法　党建引领壮大村级集体经济

——四川省开江县基层党建引领村集体经济发展

案例类型：乡村产业发展

关 键 词：乡村产业发展；村级集体经济；基层党建

摘　　要：四川省达州市开江县地处秦巴山区特困地区，是川陕革命老区，辖区内多为丘陵地形，农田面积小、人均耕地少，是典型的农业县。面对大多数行政村都是无资金、无资产、无资源的"空壳村"困境，农村基层组织在脱贫攻坚中的凝聚力、战斗力曾一度弱化。开江县以加快实现集体有收益、村民奔小康、基层增活力为目标，创新推行"四联"工作法（组织联建、股份联动、村企联手、供给联盈），全县集体经济"空壳村"全面消除，形成了基层党建、村级集体经济与巩固拓展脱贫攻坚成果三维联动的良好局面。

一、背景

开江县作为秦巴山区集中连片扶贫开发重点地区，辖区面积 1033 平方公里，辖 20 个乡镇、196 个行政村，总人口 60 万。2014 年，全县共有贫困村 51 个，其中深度贫困村 3 个，20 户以上贫困户的非贫困村 146 个，贫困人口 20446 户、59796 人，贫困发生率为 12.04％，83％以上行政村都是无资金、无资产、无资源的"空壳村"，发展农村集体经济刻不容缓，势在必行。

为此，开江县始终把发展壮大村集体经济作为一项重大政治任务来抓，先后制定出台了"集体经济发展实施意见""十条措施""考核办法"，成功探索了村集体经济发展"组织联建、股份联动、村企联手、供给联盈"的"四联工作法"，全面消除了"空壳村"，全县村集体经济发展进入了"持续壮大一批薄弱村、巩固提升一批富裕村、培养造就一批经济强村"的新阶段，并因村制宜探索了龙头企业"投桃报李"、致富能人"借梯登高"、特色产业"生血造血"、做好"服务创收"、摸清家底"变废为宝"等符合当地实际情况的集体经济发展模式。

二、项目实施和成效

(一) 组织联建，破解"无人抓"难题

针对发展村集体经济，部分村组干部不愿抓、不敢抓局面，开江县把村集体经济发展纳入县乡村党建述职评议重要内容，并采取以强带弱、行业联手、资源共享"1＋N"方式，建成带富创富村集体经济联合党组织 56 个，激发村组干部"行动力"。

一是村党支部与企业党支部联建。为充分发挥龙头企业技术、信息和市场优势，开江县成立"村党支部＋企业支部"联合党委，如天源油橄榄公司企业党支部与永兴镇柳家坪村党组织结对发展，推动厘清发展思路、共担市场风险。

二是村党支部与技术协会党支部联建。开江县以县林学会专业支部为统揽、银杏产业协会支部为支撑、产业园区电商支部为重点，设立银杏产

业园区新太乡片区党总支，定点派驻技术人员，开展政策咨询、技能培训、品种推广等服务。

三是村党支部与专合社党支部联建。开江县依托专合社优势产业项目，采取村党支部与专合社协商共建方式，共同探索资源开发、市场运作、风险防控等经管机制，实现联动联管、联营联享。

开江县通过把精准帮扶作为锤炼干部队伍的重要平台，党员干部与贫困群众拉家常、同吃住、一起干，党群干群血肉联系更加紧密。通过持续深化"入户五四工作法"（入户开展"四问访谈"：细问衣食冷暖、细问突出问题、细问产业发展、细问建议意见；分类建立"四本台账"：民生诉求台账、困难群众台账、稳定工作台账、"四风"问题台账；入户开展"四送活动"：送政策上门、送信息上门、送资金上门、送技术上门；推进"四大工程"：基础建设工程、增收致富工程、优质服务工程、文明教化工程；展示"四种新风"：求真务实、亲民为民、艰苦奋斗、清正廉洁），让全县736个县级部门、1.8万余名党员干部，与贫困群众结对认亲，实现了县级领导干部联系乡镇、挂包重点脱贫村，县级部门帮扶村、挂包重点脱贫村和入户干部联系居民户、帮扶脱贫户"三个全覆盖"。

（二）股份联动，破解"无人干"难题

针对部分村民对发展村集体经济"不主张、不反对、持观望"等思想问题，建立"33211"村集体利益分配指导性意见，采取"收益30％分配脱贫户，30％分配非贫困户，20％作为公积金，10％激励经营管理人员，10％用于集体经济组织工作经费或公益事业"模式，实现了村集体"有收益"、老百姓"享分红"。

一是引导土地变股份。按照平等自愿、利益共享、风险共担原则，开江县鼓励农户以自有土地承包经营权，通过合同或者协议方式入股村集体公司成为股民，村集体公司每年给予土地入股保底分红，村集体公司盈利后，45％利润发展项目建设，55％利润再次分配入股村民。

二是探索资金变股金。开江县整合农田水利、土地整理、道路建设、环境综合治理、集体经济发展扶持金等涉农项目资金，在不改变资金性质及用途前提下，按照村集体、贫困户、一般农户5：3：2比例量化为股金，并按股获得收益。

三是推动宅基地变股权。农户可利用宅基地或住房入股村集体公司，发展旅游产业获取股金收益。比如，普安镇宝塔坝村集体公司将村民入股住房进行打造发展民宿旅游，村民人均增收330元。

通过对口帮扶单位，开江县争取到项目资金2000万元，培育专业技术人才1000余人次，有力破解了贫困村发展缺资金、缺项目、缺技术等难题。通过人才引进和联合，形成了下派驻村干部186名、专业技术人员200名的主力队伍，为合力打好基础设施、产业培育、新村建设、易地搬迁、政策保障"五大会战"做好人才保障。同时，发挥项目平台优势，引导鼓励有实力的企业和个人到贫困村投资兴业，带动3000余名群众就地就业。

（三）村企联手，破解"无人带"难题

针对发展村集体经济"缺乏经营能力、抗风险能力不强、不能驾驭市场"等问题，按照统一注册、统一挂牌、统一架构、统一章程"四统一"要求，在全县196个行政村成立村集体经济发展有限公司，通过董事会选举村党支部书记为公司董事长，激发村级党组织"驱动力"。

一是推行"党支部＋村集体公司＋农户"引领带动模式。开江县充分发挥村党支部引领作用，吸纳返乡大学生、致富带头人等加入村集体公司，负责公司日常运营管理；村集体公司根据市场需要，因地制宜选准符合当地实际的产业项目，吸纳农户加入公司，并组织农户统一标准生产。

二是推行"股东监事会＋城普投资公司"风险防控模式。开江县成立村集体公司股东监事会，对村集体公司的投资经营活动进行监管，严格遵循"四议两公开"程序，由村党支部将农户、村集体入股资金转入县城普

投资公司，委托县城普投资公司按照国有投资公司担保机制，整体进行风险担保，增强村集体公司抗风险能力。

三是推行"村集体公司＋专家"发展咨询模式。开江县成立"稻田＋"产业研究中心、村级劳务服务中心和职业农民培训中心"三大中心"，聘请高级职称"三农"工作顾问2名，深化校企合作，实施新型实用人才孵化"五大工程"，对全县村集体经济进行整体设计孵化运营。

开江县始终把建强脱贫村基层党组织作为脱贫攻坚的"牛鼻子"，打破常规设置模式，采取强弱联合、同业联合、区域联合和链条联合等方式，建成多种形式的联合党组织6个，筑牢了巩固拓展脱贫攻坚成果的"一线堡垒"。同时充分发挥龙头企业的技术、信息和市场等优势，如天源油橄榄公司等企业党支部与永兴镇柳家坪等脱贫村党组织结对发展，带动脱贫村转变发展；通过定点派驻专业技术人员，扎实开展技能培训，把政策咨询、科技推广、技术服务送到了群众家门口和田间地头。

（四）供给联盈，破解"无钱赚"难题

为避免村集体经济"无序发展、产品过剩"等问题，开江县紧紧围绕农业供给侧结构性改革主线，挖掘和整合农村各类资源，大力发展特色产业，激活村集体公司"造血力"。

一是发展循环有机产业。利用开江地理优势，由村集体公司牵头，浅丘平坝采取"稻田＋鱼、麻鸭、大闸蟹"，中丘山区采取"果林＋家禽、牲畜"等形式发展立体循环有机农业，实现土地经营收益最大化。建成"稻田＋"核心区1.5万亩、辐射区3万余亩的"稻田＋"现代农业园区，荣获全省农业供给侧结构性改革十大案例提名奖。

正和老姐妹唠家常的谢阿婆说："我是住在小儿子家中的，他在园区内也承包了10多亩水塘养小龙虾，我自己就开了个小店，卖点水和香烟，平时来园区耍的人还是多，可以自己挣点零用钱。"

二是培育新兴特色产业。开江县遵循市场经济规律，加快转变农业发

展方式，积极培育新兴特色产业，提高农业综合效益，壮大村集体经济。

三是推行农旅融合模式。开江县充分依托本地自然风光、田园风光、民俗文化等资源，成立村集体控股旅游公司，大力发展民俗客栈、农事体验、农业培训、农耕博览、特色餐饮、农业观光等农旅融合经济，拓宽集体经济增收渠道。

开江县坚持把"6＋11"农村综合改革作为巩固拓展脱贫攻坚成果的"主抓手"，进一步拓宽了脱贫群众增收渠道，让每个脱贫村发展了1个以上的特色支柱产业、每个脱贫户至少参与了1项特色产业增收项目。通过大力推广家庭农场"4＋1"等利益联结机制，进一步盘活土地、林地承包经营权，先后培育新太乡天成罐村"真诚家庭农场"等龙头企业和产业大户609家，让脱贫群众在新型经营主体的带动下，获得租金、分成、套种、管护、劳务等多份收入。

三、经验与启示

（一）选优配强班子，是发展村集体经济的先决条件

"火车跑得快，全靠车头带"，发展壮大村集体经济，必须加强村级班子建设。开江县通过大力实施农村基层党组织"领头雁"工程，把党支部建在产业链上，坚持把那些群众基础好、为人正直、懂经营、会管理、有思想、敢创新的"双带"能力强、持续发展意识强的人选进班子，不断优化班子结构，激发其发展村集体经济的积极性和创造性。

（二）选准产业定位，是发展村集体经济的关键环节

选准一条适宜当地发展的产业，是实现村集体经济全面发展的基础保障。开江县把发展集体经济与促进农业产业化结合起来，按照"支部＋协会""支部＋专业合作社""支部＋基地＋农户"的路子，围绕特色优势产业，建立养殖、种植等各类中介协会组织。一方面，通过建立各类中介合

作服务组织，架起沟通农民与市场之间的桥梁，解决"小农户与大市场"的矛盾。另一方面，通过合作组织为其成员提供产前、产中、产后各种农业技术和农产品市场信息服务，增加村级集体经济收入。

（三）群众增收致富，是发展村集体经济的重要基础

发展村集体经济，首先要想方设法让老百姓富起来，这样才能取得群众的信任与支持，发展才能有底气。开江县紧扣巩固拓展脱贫攻坚成果相关要求，整合中央、省市相关发展政策，紧紧抓住省、市、县结对联系帮扶脱贫村的有利机遇，整合各方资源力量，着力做好基础设施建设、富民产业培育、易地搬迁、金融资金支撑、公共服务保障等重点工作，促进群众真正增收致富。

"三变"变出高原新农村

——青海省大通县东至沟村"三变模式"助推集体经济

案例类型： 乡村产业发展

关 键 词： 乡村产业发展；农村改革；村级集体经济

摘　　要： 青海省大通县高山林立、土地贫瘠，贫困与发展问题突出。大通县坚持以推进产业升级为目标，以党建为引领，以乡村振兴为抓手，创新变产业结构、变乡风村容、变致富理念"三变模式"，发展集体经济，推进产业升级，提升群众获得感和幸福感。立足当地资源禀赋，发展乡村旅游；开展美丽乡村、文明评选活动，营造积极向上忙致富、齐心协力奔小康的良好氛围；转变致富理念，发挥驻村工作队和"关键少数"的引领作用，建设坚强有力的基层党组织；以村集体为载体提高脱贫户参与集体经济发展的主动性，开辟出红色引领、产业转型、绿色发展的高原新农村之路。

一、背景

这里曾经是山大沟深、土地贫瘠的脑山村，村民靠天吃饭，外村姑娘不愿嫁人、小伙子娶不上媳妇，贫困成了这个山沟沟里最难解决的问题。全村 116 户 451 人，贫困户 35 户 102 人，党员 29 名，村里聚集了蒙古族、藏族、汉族等多个民族。

近年来，东至沟村在党委帮扶下，抢抓生态文明建设机遇，带领党员群众积极发展乡村旅游业，打造出"避暑仙境·徒步圣地"旅游品牌，全力推进乡村旅游扶贫产业园建设，初步形成集自然景观、餐饮住宿、娱乐休闲于一体的乡村旅游景区，实现"生态旅游＋扶贫"双丰收，真正成为"高原新农村"，2016 年全村成功脱贫。2018 年，贯穿于东至沟的"红色走廊"将发展思路彻底打通。2019 年村民人均收入达 1.5 万元。2022 年全村人均收入近 1.6 万元，脱贫户人均收入达到 1.5 万元。东至沟村先后荣获"全国乡村旅游重点村""全国文明村镇""中国农民丰收节 100 个特色村庄""2023 年中国美丽休闲乡村"等荣誉称号。东至沟村党建引领乡村发展事迹多次被《中国组织人事报》、《农民日报》、新华网、人民网等媒体宣传报道。

二、项目实施和成效

（一）"变"产业结构，靠青山、造银山

2015 年 10 月，李迎仁被选为东至沟村党支部书记，在第一书记和驻村工作队帮助下，村党支部从规范"三会一课"、组织党员干部外出考察、积极推动产业脱贫着手，全村党员带富能力明显增强，支部组织力战斗力显著提高。班子强了，党员动起来了，可是怎么干？

在"绿水青山就是金山银山"启发下，村党支部率先转变产业发展思路，将目光由原先的种植养殖产业转到乡村旅游发展上来，利用主导产业到户资金 55.62 万元，立足东至沟村 2687 亩天然林优势，构建起乡村旅游新构架。乡村旅游项目启动后，全村贫困户年户均增收 2.16 万元，人均增收 0.68 万元；同时，结合生态资源和旅游资源优势，根据村产业发展方案，为每户村民发放 30 只土鸡、30 斤饲料，年底每户增收 3240 元，乡村旅游经济的"甜头"让不少党员群众纷纷加入发展行列，发展"航班"就此开动。同时，村党支部带领全村党员群众打造"党支部＋合作社＋基地＋农户"模式，积极引进药材、蕨麻、覆膜洋芋、蔬菜等特色种植业，种植农户年均收入实现 4.2 万元。

在村党支部的带领下，东至沟村不断完善旅游基础设施建设，发展乡

村休闲旅游，拓宽农民致富途径，打造"避暑仙境·徒步圣地"旅游品牌和"高原颐养生·康健东至沟"党建品牌，持续带动周边村民兴办农家乐、便民商店，多渠道提高村民收入。

在乡村旅游业的带动下，农家院如雨后春笋不断兴起，截至2022年底，东至沟村休闲农家乐总数增加至18家，其中6名贫困户经营农家乐增收脱贫，真正实现家家有产业、户户有收益。外出务工的村民们纷纷回家，修建房屋、打理院落，大红灯笼挂起来，各式各样的"农家乐"牌匾挂了起来，各类乡村美食纷纷亮相，搓鱼儿、煮洋芋、酿皮儿、甜酪儿、背口袋……各种美食让八方游客慕名而来。

村党支部积极争取帮扶单位西部矿业集团的资金支持，截至2023年底，对口东至沟村累计帮扶发展项目资金达274万元，西矿朔北绿色生态植物油加工厂建设项目成功落地。2023年，东至沟村集体经济累计收益达150万元。

（二）"变"乡风村容，焕新颜、树新风

东至沟村发展的脚步从未停歇，村党支部对优化乡村治理的探索与尝试也从未止步，各项工作在村党支部的带领下全面有序开展。

村党支部认真落实"厕所革命"、人居环境改善、外墙保温、河道治理等项目，截至2023年底累计投入381.2万元，村内公共环境和基础设施建设水平得到显著提升，实现村屯硬化、净化、绿化、亮化、美化，一时间，一幅依山傍水的画面很快显现在游客和村民眼前。东至沟村逐步建成了2000平方米的村级组织活动场所，设置村卫生室、爱心超市、农村书屋、儿童活动室等活动场所，实现村办公场所门常开、人常在、事常办。

物质生活发展上去了，东至沟村民的精神文化生活也随之提高。2016—2019年，全村共评选出"五星级文明户"65户，评选"卫生流动红旗家庭""最美家庭"共15户，评选表彰"好婆婆""好媳妇"共24

名，村里拿出一部分村集体经济收益资金对这部分人进行表彰，让村民切实感受到时代新风的变化。

近年来，村党支部不断健全完善村规民约、道德评议会、红白理事会、村民议事会，广泛弘扬"好家风、好家教、好家训"，打造出全县村级新时代文明实践站试点村。同时筹建"励志爱心超市"；组织趣味运动会、文艺汇演等丰富多彩的村民活动；组建了120人的志愿服务队伍，积极开展志愿服务活动，免费为游客讲解、指引、介绍景区相关情况，在乡村旅游经济上展现出东至沟村"东道主"全新的精神面貌。全村形成了积极向上忙致富、齐心协力奔小康的良好氛围。

村党支部积极组织群众参加法律知识学习讲座，培育以村干部、老党员、网格员等为重点的"法治带头人""法律明白人"，推动法治乡村建设常态化。

村党支部建立健全"1496"矛盾纠纷调解机制，配备平安建设网格员，成立"石榴籽＋"调解室，定期入户走访排查矛盾，矛盾纠纷调解率达100％。

（三）"变"致富理念，听党话、跟党走

东至沟村赵文科常年在家照顾残疾老母，生活困难，无心发展产业，村党支部书记李迎仁三番五次做工作、不厌其烦讲道理，帮助他开办农家乐。2018年，赵文科流转了村里的80亩土地开始种植当归，还开办了合作社，17户农户也加入其中，规模越来越大。像赵文科这类主动脱贫并加入村集体经济组织的村民还有很多，有的是拿到收益分红继续投股，有的是自己单干开起了农家院，贫困标签已经成为过去时。赵文科感慨地说："这几年政策这么好，村里又这么关心我，再也不能'等靠要'了，就想着靠自己的双手赶紧富起来，现在忙都忙不过来了。"

村党支部将防返贫与扶志扶智宣传教育结合起来，不断提高农户参与集体经济发展的主动性和积极性，通过召开群众大会、悬挂标语、入户走

访、发放动漫式政策"明白卡"、增录"小喇叭"等方式，让各项防返贫惠民政策深入人心。在好政策引领的同时，村党支部将道德文化、法律常识、感恩教育作为宣传教育的重要内容，借助各类媒体进行宣传教育，不断提高群众政策知晓率。"感党恩、听党话、跟党走"成为东至沟村村民压在心底的一句话，而群众脱贫致富的信心和勇气，也成为东至沟村发展壮大村集体经济的一股催人奋进的力量。

东至沟村在江河源头青藏高原走出的发展之路是努力实践"三农"政策、贯彻实施乡村振兴战略的一个缩影。东至沟村保护生态、发展生态，"绿水青山就是金山银山"的生态发展理念深入人心，全村各族村民共同享受生态红利，村民的获得感、幸福感、安全感持续提升。

三、经验与启示

（一）必须坚持党的领导，做好顶层设计

党建强，人心聚，乡村兴。东至沟村得以振兴产业，最根本的是有一个坚强有力的村党组织。通过党建引领，该村创新实施"三变"模式，变产业结构、变乡风村容、变致富理念，勇于创新、重视运用当地特色和乡土风俗促进村集体经济良性发展，抢抓生态文明建设机遇，积极发展乡村旅游业，成功打造了具有地方特色的旅游品牌，实现生态旅游与巩固拓展脱贫攻坚成果的有机结合，推动集体经济发展和产业的升级。这充分表明推动农村集体经济发展，必须坚持党对工作的集中统一领导，充分发挥党把方向、谋大局、定政策、促改革的主心骨作用，加强顶层设计，以更有力的举措、汇聚更强大的力量来推进乡村振兴。

（二）必须用好资源禀赋，做强特色产业

结合时代大背景认识并用好资源禀赋，是乡村产业振兴的重中之重。习近平总书记强调，要坚持精准发力，立足特色资源，关注市场需求，发

展优势产业，促进一二三产业融合发展，更多更好惠及农村农民。各地区乡村可借鉴东至沟村产业发展经验，立足本地种质资源、地理特点等独特资源禀赋，转变产业发展思路，调整产业结构，大力发展生态旅游产业及相关特色种养业，将以往的劣势转变成新发展阶段的优势。

（三）必须调动村民参与，做到齐心协力

对于偏远落后地区，调动村民参与，做到齐心协力，是推动乡村集体经济发展和产业振兴的关键所在。东至沟村以村集体经济组织为载体，带领农户进入市场，培育村民的市场意识和经营能力，实现了单一的农业生产到多元化市场经营的转变，成功破解发展难题；同时通过发挥驻村工作队和"关键少数"的引领作用，以村集体经济组织为依托，创新宣传教育方法，不断提高群众参与集体经济的主动性和积极性，增强村民的组织力和凝聚力。

富硒蔬菜带动村集体和农户"双增收"

——江西省于都县富硒产业的实践探索

案例类型：乡村产业发展

关 键 词：特色产业发展；增收致富；联农带农

摘 要：江西省于都县牢记习近平总书记"一定要把富硒这个品牌打好"的殷殷嘱托，用好丰富富硒土壤资源，在上级政府尤其是财政部门的指导和支持下，有效挖掘以富硒农业为核心的产业发展主线，摸清资源家底、夯实产业基石、完善惠农机制，探索出"龙头企业＋合作联社＋农户"富硒蔬菜产业发展模式，走出了一条党建引领产业升级、带动村集体和农户"双增收"的有效路径。

一、背景

于都县地处江西省赣州市东部，下辖 9 个镇、14 个乡，因以北有雩山取名雩都，1957 年更名为"于都"。该县拥有丰富的水资源和硒资源。2019 年 5 月 20 日，习近平总书记在江西考察时，在于都提出了"一定要把富硒这个品牌打好"的嘱托。这句话不仅成为镌刻在于都人心目中的奋斗目标，而且成为了全县巩固拓展脱贫攻坚成果的重要指示。在上级政府尤其是财政部门的指导和支持下，于都有效挖掘以富硒农业为核心的产业发展主线，通过摸清资源家底、夯实产业基石、完善惠农机制，走出了一条党建引领产业升级、带动村集体和农户"双增收"的发展道路。2021 年，于都县先后入选"中国县域电商竞争力百强榜""国家电子商务进农村综合示范县"，2022 年入选国家农业现代化示范区创建名单。

二、项目实施和成效

（一）强化顶层设计，摸清资源家底

一是加强组织领导。于都县充分发挥对口支援、领导挂点、第一书记驻村、干部帮扶等资源优势，形成主要领导调度、亲自推动的总体格局。建立富硒产业发展领导小组联席会议制度，加强与省、市级有关部门的沟通、协调和配合，加大对乡（镇）的指导力度，细化富硒产业重点工作，明确责任部门和责任清单，充分发挥考核"指挥棒"作用。推动形成上下联动、有效衔接的产业服务体系，实现了富硒产业发展与乡村振兴、基层党建的有机结合、相互促进。

二是开展资源详查。自 2019 年 5 月 20 日习近平总书记视察江西省于都县时指出"一定要把富硒这个品牌打好"后，于都县逐步开展了对 20 余种蔬菜进行含硒量检测，并在此基础上全面开展富硒农业资源普查，建立"于都硒"资源数据库和富硒产业大数据平台。在已调查的 1947 平方公里国土面积中探明富硒土壤 1012.53 平方公里，占比 52％，为进一步开发奠定基础。

三是强化战略部署。于都县根据富硒土壤资源分布，立足现有产业基础，结合自然条件、市场区位、发展潜力，科学编制《于都县富硒农业产业发展规划（2022—2031）》，制定富硒产业发展规划图。于都县明确富硒产业发展定位，确定富硒产业发展的中长期目标，合理布局富硒产业功能板块，形成协同发展的空间格局与"一带两核三区四集群"的产业布局。

（二）开发富硒农业，夯实产业基石

一是建设产业基地。于都县产业发展规模按照"突出重点、集中连片、整体推进"的思路，围绕富硒大米、富硒蔬菜、富硒脐橙、富硒茶叶、富硒禽蛋产业，打造于都富硒产业园，建立 172 个富硒农业示范基

地，认定市级富硒农业高标准示范基地 8 个、富硒农业示范基地 10 个，富硒大米、富硒脐橙、富硒茶叶、富硒蔬菜农业示范基地 4000 多公顷。

二是推进产品研发。于都县积极与北京中农硒科研究院、中化农业、江西农业大学、赣南科学院、南京功能农业农创园等专家科研团队开展科研合作，强化富硒产业技术支撑。联合国际硒研究学会、国家功能农业科技创新联盟、全国农业技术推广协会等业内一流单位，编制富硒农业标准。引入中硒集团、茂雄集团等龙头企业，建设 NFC 富硒果蔬汁及硒多宝萃取自动化灌装线、富硒预制菜等硒食品精深加工项目，实现产品增值。

三是打响富硒品牌。建立中国·于都硒博馆，陈列各类富硒农产品，以及富硒预制菜、富硒饮品、富硒功能食品等深加工产品，向游客诉说于都农产品的"优秀"。同时，加强各知名电商与脱贫地区农副产品销售平台合作，打响富硒蔬菜品牌，促进村民增收。在影响力提升下，富硒蔬菜的销售半径由赣州本地扩大至粤港澳大湾区、长三角、海西经济区，并且还搭上了中欧班列的快车，远销共建"一带一路"国家及地区，成功走出国门、走向国际市场。

（三）联点联企联业，完善惠农机制

一是联点带面扩规模。于都县把富硒蔬菜作为农业首位产业，依托气候、土壤、区位优势，党建引领、支部领办建立村级股份经济合作联社，分村或联村发展设施富硒蔬菜产业，以点带面推动富硒蔬菜规模升级。全县组建村级股份经济合作联社 357 个，吸纳 14875 户农户入股入社，建成规模设施富硒蔬菜基地 121 个 5.5 万亩，打造省级现代农业（蔬菜）产业示范园 4 个。2022 年蔬菜种植面积 30 余万亩，产量超 50 万吨，综合产值超 30 亿元，成为强村富民主导产业。

二是联企带村提效益。于都县大力引进蔬菜龙头企业，发挥合作联社"纽带"作用，以企带村发展规模富硒蔬菜产业，实现村集体和企业共赢

发展。优化社企合作模式，村级合作联社和龙头企业按 51％、49％入股组建股份公司，市场化建立稳定生产和销售关系，龙头企业从育苗、种苗、农资、技术、销售等方面提供全过程服务，合作联社负责分区域管理和组织农户种植，既解决了企业缺劳力、人工成本高的难题，又破解了农户缺资金、销售有顾虑的症结。于都县通过"龙头企业＋合作联社＋农户"模式，全县 20 余家龙头企业种植富硒蔬菜面积占比约 30％，村级合作联社组织农户种植占比约 70％，合作社运营设施富硒蔬菜 3 万亩。2022 年合作联社平均经营性收入 41 万元，平均为每村贡献集体经济收入超 10 万元。

三是联业带农促增收。于都县统筹整合涉农资金，通过以奖代补方式，扶持各村建设设施蔬菜大棚并纳入村集体资产管护，租金作为村集体经济收入。优化利益联结机制，通过合作联社带动，广大农户通过基地务工、包棚返租、入股分红、土地收租等多种方式参与富硒蔬菜产业发展，实现了集体有收入、社员有分红、农户有增收，实现了村集体和农户"双增收"。2022 年全县村级合作联社共分红 1428 万元，社员户均分红 960元；发放土地租金 3780 万元，户均增收 2100 余元；带动农户就业约 1.6万人，人均务工年收入 2.4 万元，其中带动脱贫劳动力就业 3500 余人，人均务工收入约 1.8 万元。岗脑村菜农郭清香说："以前我在这里做事，按每小时 10 元计酬，今年我以技术入股的方式管理 3 个蔬菜大棚，每年还有分红。今年种蔬菜纯收入有望超过 10 万元。"

三、经验与启示

（一）重视本地优势资源是基础

结合时代大背景深入挖掘并用好资源禀赋，是乡村产业振兴的基础条件。不同地区拥有各具特色与优势的资源禀赋，需要根据实际情况进行开发利用。于都县正是及时抓住了我国经济发展水平和居民消费水平全面提升、特色农产品市场需求不断增加的机遇，立足富硒农业这一资源禀赋，进行大规模的开发利用、营销推广，调整产业结构，大力发展富硒农产业及其附加产业，找到了村庄致富的主导路径，打好了村集体与农户"双增收"的重要基础。

（二）做好产业发展规划是重点

乡村振兴，规划先行。乡村产业发展不仅需要利用好已有资源禀赋，更为重要的是做好顶层设计、做到科学规划。为此，深刻认识到特色产业发展的重要性与必要性，行动上制定科学合理、因地制宜的产业发展规划，明确各个阶段目标任务、具体措施、职责分工、工作要求。于都正是因为发挥了党建引领优势，做到以富硒产业开发为核心，精心布局，科学编制，才能形成高效产业发展模式。

（三）健全联农带农机制是核心

产业发展必须惠及农民，这是乡村产业发展的根本，而建立完备的联农带农机制则是乡村产业发展的核心。市场化背景下，应始终坚持农民主体地位，让农民共享发展成果，同步实现农业增效与农民增收。于都在产业建设伊始，就秉持着惠农初心，探索出"龙头企业＋合作联社＋农户"富硒蔬菜产业发展模式，联点联企联业，在产业规模扩大中促进产业发展增效与农民群体增收，在联农带农中实现强农富农。

"幸福食堂"温暖农村孤寡困难老人

——山东省曲阜市多元养老服务实践

案例类型： 乡村建设

关 键 词： 乡村建设；养老服务；"幸福食堂"

摘　　要： 山东省曲阜市针对老年人占比高、自我发展能力弱、返贫风险较大的实际，把"幸福食堂"作为拓宽新时代文明实践内涵和巩固拓展脱贫攻坚成果的重要载体，按照"政府主导、村级管理、村民自愿、非营利性"的原则，建设起"新时代文明实践幸福食堂"。"幸福食堂"真正将服务关怀老人、弘扬中华孝道美德与乡村振兴有机结合，使老年人老有所养、老有所乐，使村风民风焕然一新，有力地推进了移风易俗，提升了乡风文明，促进了社会和谐稳定。

一、背景

曲阜市是孔子故里，儒家文化的发源地，素有孝老爱亲、扶弱济困、乐善好施的光荣传统。然而，曲阜市部分老年人特别是困难老年人由于独居或子女在外务工，一日三餐难以保证，经常出现"做一顿饭吃一天""剩饭热热再吃"等现象。长期独居也导致老年人与外界交流少，精神生活相对空虚，党的新思想、新政策得不到有效宣传，陈旧思想观念不能有效破除，广大农村老年人精神文化生活单一匮乏。为此，曲阜市依托儒家优秀传统文化资源禀赋，发挥道德文化引领作用，创新实施"育德＋扶志＋解困"精神帮扶模式，积极搭建"儒家文化＋"载体，以新时代文明实践中心（站）为基础，通过兴办"幸福食堂"温暖农村孤寡老人，撬动多元养老服务体系，为提升乡村社会文明度和民生质量探索了一条新路。

二、项目实施和成效

（一）科学规划，试点推进有序化

2018 年，曲阜市入选全国首批新时代文明实践中心建设试点县，为"幸福食堂"从想法变成现实带来了难得的契机。为建好这项民心工程，市镇共同发力。一是高位推动。曲阜市成立专门班子，市委书记、市长带头调研，就场所建设、活动开展、品牌打造等进行研究部署。二是部门联动。由镇街党委领导、政府主导，村居具体实施，市委市政府直接管理的有关部门齐抓共管，社会参与、全民动员，形成上下联动、整体推进的工作格局。三是示范带动。对 2018 年建立的全市首个"幸福食堂"——石门山镇西焦沟村"幸福食堂"进行规范提升，组织集中观摩，坚持"成熟一个、建设一个、见效一个"，稳步推进。截至 2022 年 10 月，曲阜市已有 60 个村（居）建成运营"幸福食堂"，1500 多位老年人受益。

村"两委"（村党支部和村民委员会）成员特别是村党支部书记作为"幸福食堂"建设、运行的推动者和管理者，为"幸福食堂"的建设运行付出了大量心血，百姓看在眼里、记在心里，广大村民对村干部真心赞同、高度评价，认为村干部真心为民、敢担当，有效凝聚了民心，提高了威信。党委和政府也以实际行动践行了为人民服务的宗旨，拉近了干部和群众之间的关系，增进了群众对党委和政府的价值认同、情感认同，提升了党委和政府的影响力、公信力。自"幸福食堂"建设以来，老人们一日三餐有了保证，村里大部分老年人特别是孤寡老人"吃饭不及时""饭菜不新鲜""营养跟不上""饭菜不可口"等实际困难得到了解决，"俺现在到饭点儿就来食堂吃，还能和老邻居们拉拉呱，日子过得可舒坦了！"石门山镇西焦沟村 85 岁的倪建英老人逢人就说。

（二）建章立制，管理运行规范化

坚持一手抓建设，一手抓建制，用制度建设规范"幸福食堂"发展。服务对象方面，坚持开放办食堂，争取做到让每一位有服务需要的老年人都能参与进来。阵地建设方面，不搞"一刀切"，突出因地制宜，坚持"幸福食堂"选址与新时代文明实践站有机统一、相互关联、统筹使用的思路，以不增加村级负担为前提，整合村内现有闲置场所、村委大院、村民闲置房屋，不提倡新建、拆建，最大限度降低建设成本，达到实用为民的目的。资金保障方面，实行"五个一点"，即"上级扶持一点、镇上解决一点、村里投入一点、社会捐助一点、个人承担一点"。2023 年 3 月，仅曲阜市时庄街道坊岭村就收到村民捐助的 3.9 万余元"孝老基金"。

管理运行方面，坚持"四个原则"：一是坚持不营利的原则。制定"缴费上限"，每人一日三餐 5 元钱，困难老人免费就餐。二是坚持村级管理的原则。村"两委"负责"幸福食堂"的管理运行。三是坚持个人自愿的原则。各村根据收支情况、空巢老人数量、食堂承载能力和老年人就餐意愿，分年龄段、分人群、人性化确定老年人到"幸福食堂"的就餐条件。四是坚持政府监管的原则。实施财务公开、食堂亮证（卫生许可证和健康证）、饭菜不定期抽检。长效机制方面，实行"建立财务清单、保证食材安全、签订安全协议、畅通问题处置渠道"四个"底线约束"，守护老年人"舌尖上的安全"，严防负面问题的发生。在曲阜市石门山镇董庄北村，村民们还将办好"幸福食堂"写入《村规民约》，把村集体赡养老人、为困难独居老人提供用餐服务，作为一项约定俗成的"孝老活动"。

（三）丰富提升，服务内容多样化

结合巩固拓展脱贫攻坚成果同乡村振兴有效衔接等重点工作，大力推进"幸福食堂＋"模式融合发展。以"幸福食堂"为平台，将供餐送餐服务与精神慰藉等有机结合，并融入心理关怀、日间照料、文体娱乐、政策宣讲、公益讲座等服务。餐前宣传理论，党员志愿者利用餐前5分钟宣讲习近平总书记重要讲话、重要指示精神，宣传党的创新理论和惠民政策，打通党的创新理论"飞入寻常百姓家"的"最后一公里"；邻里话家常，村民志愿者利用餐后10～15分钟讲成就变化，讲家长里短，讲身边人身边事，倡导孝老爱亲、邻里守望；帮扶结对子，志愿服务组织和社会公益组织与孤寡老人结成对子，推出"相约黎明""金晖助老""爱心义剪"等一批志愿服务项目，形成"幸福食堂＋志愿服务"模式，让党的好政策自然流淌进群众心间。

新时代文明实践站里的各种活动，丰富了老年人精神文化生活，提升了老年人身心双重幸福感。曲阜市息陬镇大峪村马允祜、刘宜祯老两口家庭困难且行动不便，家里很冷清，吃饭也是"凑合"一下就过去了。大峪村"幸福食堂"开办以后，村里安排志愿者专门为行动不便的老年人提供送餐服务，保障老年人健康便捷用餐。"现在多么好啊，咱不能动弹都能吃上热乎饭，照顾得很好。这样，小孩们在外打工也不用多担心。"享受到"幸福食堂"服务的老人们多次深情地表示。

三、经验与启示

（一）精准发力、延伸推进是关键

精确瞄准服务"靶心"、延伸推进服务功能是推动建设宜居宜业和美乡村的关键核心，只有找准影响农民群众特别是弱势群体获得感幸福感安全感的急难愁盼问题，在提升农民生活品质上精准发力，并延伸推进，才能更有效地拓宽新时代文明实践内涵、增强乡村建设凝聚力。曲阜市推动建设"幸福食堂"，不仅提供基本的餐饮服务，还整合了文化娱乐等多元化功能，并且在"幸福食堂"的运营过程中，始终注重服务质量的提升，确保食品安全、服务周到。同时，曲阜市还延伸推进了其他养老服务设施的建设，如建立村级医疗点、开设老年人活动室等，从而形成了一套完整的乡村养老服务体系。由此可见，各级政府应当更加关注影响群众生活质量的重点问题，不断提升养老服务等公共设施配套水平，提高群众生活品质，让老百姓过上更加美好、更加切实的幸福生活。

（二）科学规划、规范管理是根本

乡村振兴，规划先行，乡村振兴需要规划引领和精细管理相结合。以"幸福食堂"建设为例，必须预先谋划，制定详细而科学的发展规划，确保每个阶段的目标任务清晰明确，具体措施切实可行。在实施过程中，县（市、区）、乡（镇）、村（社区）三级必须强化规范管理，确保"幸福食堂"等养老服务设施的高标准运营。首先，要建立健全管理机制，明确各级管理职责，确保责任到人。其次，针对原料采购、加工制作、价格管控、卫生健康、留样管理等关键环节，出台具体的管理办法和操作规程，确保每一环节都符合食品安全和卫生标准。同时，在就餐补贴、资金拨付、末位淘汰等方面，也要制定明确的制度规定，确保资金使用的透明度和公平性。最后，要鼓励群众参与监督和管理，确保"幸福食堂"等养老服务设施始终保持在群众满意的高水平状态。

（三）政府引导、多方参与是保障

以政府为主导，实现思想统一、共识达成，并汇聚多方参与形成合力，是推动"幸福食堂"等养老服务设施发展的坚实保障。一方面，曲阜市政府将"幸福食堂"建设纳入当地乡村振兴战略发展规划，并作为民生实事项目予以重点推进。政府首先通过调研，深入了解当地老年人口分布、饮食习惯、文化特色等实际情况，因地制宜地制定建设方案，同时积极协调土地、资金等资源，降低建设成本，确保项目顺利实施。同时，政府还建立了跨部门协调机制，明确各部门职责，形成工作合力，确保"幸福食堂"等养老服务设施建设的顺利推进。另一方面，在"幸福食堂"建设和运营过程中，当地社会各方力量积极参与。志愿者团队定期为老年人提供送餐、陪伴等志愿服务，让老年人在享受美食的同时感受到社会的温暖；当地文化组织在"幸福食堂"内开展文化娱乐活动，如书法、绘画、戏曲等，丰富老年人的精神生活。"幸福食堂＋N"模式的实施，不仅为老年人提供了便捷、优质的养老服务，还使其成为培育文明新风、弘扬优秀文化的综合性阵地。

描绘村美人和共富的动人画卷

——浙江省"千村示范、万村整治"工程案例

案例类型：乡村建设

关 键 词：乡村建设；美丽乡村建设；"千万工程"

摘　　要：习近平总书记亲自谋划实施的"千村示范、万村整治"工程指引浙江乡村发生精彩蝶变，探索走出一条中国特色社会主义农村现代化建设道路。20多年来，"千万工程"范围不断延展、内涵日益丰富，深刻改变了浙江村庄风貌，造就了万千美丽乡村，造福了万千农民群众，绘就了一幅村美人和共富的动人画卷。2018年，"千万工程"荣获联合国"地球卫士奖"。它以"浙江之窗"展示"中国之治""中国之美"，为营造和谐宜居的人类家园贡献了中国方案。

一、背景

"千村示范、万村整治"工程（简称"千万工程"），是习近平总书记在浙江工作期间亲自谋划、亲自部署、亲自推动的一项重大决策，全面实施20多年来深刻改变了浙江农村的面貌。2003年6月，时任浙江省委书记的习近平同志在广泛深入调查研究基础上，作出了实施"千万工程"的战略决策，提出从全省近4万个村庄中选择1万个左右的行政村进行全面整治，把其中1000个左右的中心村建成全面小康示范村。浙江历届省委、省政府按照习近平总书记的战略擘画和重要指示要求，顺应形势发展和实际需要，持续深化"千万工程"。20多年来，"千万工程"整治范围不断延展、内涵日益丰富，逐步成为一项以农村人居环境大整治带动农村经

济、政治、文化、社会、生态文明发展的建设工程。

"千万工程"造就了万千美丽乡村，造福了万千农民群众，绘就了一幅村美人和共富的动人画卷，推动浙江成为全国农业现代化进程最快、乡村经济最活、乡村环境最美、农民生活最优、城乡区域最协调的省份之一。"千万工程"的成功实践打造出了一份中国式现代化的乡村样本，为广大发展中国家提供有益镜鉴。2018 年 9 月，"千万工程"被联合国授予"地球卫士奖"中的"激励与行动奖"。

二、项目实施和成效

（一）深刻重塑农村人居环境，建设生态农韵的宜居乡村

从解决群众反映最强烈的环境脏乱差着手，全域推进农村垃圾、污水、厕所"三大革命"，强势打出农村环境"五整治一提高"工程（整治畜禽粪便污染、生活污水污染、垃圾固废污染、化肥农药污染、河沟池塘污染和提高农村绿化水平）、"五水共治"（治污水、防洪水、排涝水、保供水、抓节水）和"四边三化"（公路边、铁路边、河边、山边等区域的洁化、绿化、美化行动）等组合拳，建立城乡一体的风貌管控体制机制，积极探索建设"无废村庄""低碳村庄"，实施生态修复，精雕细琢提升乡村整体风貌。金华市浦江县向水晶产业污染"开刀"，"黑臭河""牛奶河"再无踪影；台州市仙居县"化工一条江"变为"最美母亲河"，生态绿道串联起山水田园。

经过 20 多年的努力，浙江农村人居环境深刻重塑，规划保留村生活污水治理和卫生厕所实现全覆盖，农村生活垃圾基本实现"零增长""零填埋"，森林覆盖率超过 61%，农村人居环境质量居全国前列，成为首个通过国家生态省验收的省份。全省 90% 以上村庄建成新时代美丽乡村，建成"一户一处景、一村一幅画、一线一风光、一县一品牌"的美丽大花园，尽显整体大美、江南韵味、浙江气质。

（二）大力发展美丽经济，建设共创共享的共富乡村

"千万工程"秉持"绿水青山就是金山银山"理念，打响民俗牌、生态牌、田园牌、乡愁牌，统筹村庄建设和村庄运营，将美丽环境转化为美丽经济，将生态优势转化为产业优势。把美村与富村结合起来，打好强村富民乡村集成改革组合拳，创新发展农村电商、养生养老、文化创意、运动休闲等新业态，推进资源变资产、资金变股金、农民变股东"三变"改革，进一步厚植浙江乡村经济兴、市场活、百姓富的优势。

全省农村居民人均可支配收入由 2003 年的 5431 元提高到 2022 年的 37565 元，村级集体经济经营性年收入 50 万元以上的行政村占比达 51.2%。截至 2023 年 6 月，全省累计建成 82 条产值超 10 亿元的农业全产业链，辐射带动 478 万农民就业创业。培育县级以上农业龙头企业 5383 家、示范性农民专业合作社 9491 家、农创客超 4.7 万名、建成"共富工坊"6226 家。"村村产业有特色、户户创业有奔头、人人就业有门路"已经成为浙江乡村产业蓬勃发展的生动写照。

（三）弘扬农村文明乡风，建设文化为魂的人文乡村

浙江坚持塑形和铸魂并重，在抓好农村物质文明建设的同时，统筹推进精神文明建设，有效推动"物的新农村"向"人的新农村"迈进，努力把农村建设成农民身有所栖、心有所依的美好家园。

一是树好乡村文明新风。大力推进移风易俗，完善村规民约和村民议事会、道德评议会、禁赌禁毒会、红白理事会等"一约四会"，加强"好家风"建设，推行操办婚丧喜事"流程规约制、标准菜单制、金牌厨师制、礼堂准入制"等管理机制，建成一批乡风民俗展示馆、家风家训馆、村史馆、农民书屋，陈规陋习得到有效遏制，文明乡风、良好家风、淳朴民风不断形成。二是丰富乡村文化生活。全域构建新时代文明实践中心、新时代文明实践所、农村文化礼堂三级阵地，推动教育教化、乡风乡愁、

礼仪礼节、家德家风、文化文艺"五进"礼堂，打响我们的村晚、农民讲故事大赛、农民运动会等文化品牌。杭州市小古城村村民说，"村里建起了文化礼堂，经常有'我们的村晚''我们的村歌''我们的村运会'，放下筷子就想去"。

（四）推进城乡发展一体化，建设城乡融合的乐活乡村

浙江牢牢树立城乡融合发展理念，坚持新型城镇化和乡村振兴"双轮驱动"，实施县城承载能力提升和深化"千万工程"，让农民就地过上现代文明生活。

一是加快城乡基础设施互联互通，统筹推进城乡交通、供水、供电、供气、物流、宽带服务、金融网点等建设。二是加快城乡公共服务优质共享，推动教育培训、劳动就业、医疗卫生、社会保障等服务向乡村延伸。三是加快城乡生产要素双向流动，深入推进"两进两回"（科技进乡村、资金进乡村、青年回农村、能人回农村），努力实现城乡制度无差别、发展有差异的融合发展、特质发展。

如今的浙江，城乡基础设施加快同规同网，最低生活保障实现市域城乡同标，基本公共服务均等化水平全国领先，农村"30分钟公共服务圈""20分钟医疗卫生服务圈"基本形成，城乡居民收入倍差从2003年的2.43缩小到2022年的1.90。"城市有乡村更美好、乡村让城市更向往"成为浙江城乡融合发展的生动写照。

（五）全面提升基层治理效能，建设服务臻美的善治乡村

浙江大力加强乡村治理创新，建立健全党建引领的自治、法治、德治、智治"四治融合"乡村治理体系，努力打造社会活力最强、社会秩序最优、社会风气最正、社会服务最美、社会治理最善、干群关系最好的善治乡村。

一是坚持党建引领，强化抓党建促乡村振兴，深化"网格化管理、组

团式服务”，高标准落实农村党建"浙江二十条"经验做法，推动农村基层党建全面进步、整体提升。二是深化村民自治，建立村民互助会、议事会等社会组织，推动乡村公共事务自我管理、自我监督、自我服务。三是增强法治保障，引导干部群众形成自觉守法、全民懂法、遇事找法的乡村法治秩序。四是激发德治活力，发挥优秀传统文化等对村民行为的引导作用，用崇德向善的力量，调动群众参与的积极性。五是实现"智治合一"，全面推进农业农村领域数字化改革，促进数字与信息技术同基层治理责任制相匹配。

截至 2023 年 6 月，全省累计建成省级以上民主法治村 1643 个，县级以上民主法治村占比 90％以上，行政村党务、村务、财务"三务"公开水平达 99.8％，村级治理现代化水平稳步提升。

三、经验与启示

（一）坚持农民主体地位，共建共享美好家园

"千万工程"直面农业农村发展最迫切、农民反映最强烈的农村环境问题，并以乡村人居环境整治为小切口，循序渐进改善农村生产生活条件，持续稳定提升农民生活质量，群策群力推动乡村全面振兴，始终坚持尊重民意、维护民利、强化民管。实践证明，乡村建设必须坚持农民主体地位。一方面，要始终把群众所思所盼作为工作的出发点和落脚点，坚持群众要什么、我们干什么，干得好不好、群众说了算。另一方面，要建立完善农民参与机制，教育引导广大农民群众自发投身乡村建设之中，主动投工投劳，积极共建共享美好家园，让农民群众在乡村建设中有更多的参与感、获得感、幸福感、安全感和认同感。

（二）坚持新发展理念，全面推进乡村振兴

"千万工程"引导农村地区变革发展理念、转变发展方式，坚持把整

治村庄和经营村庄结合起来，把改善村容村貌与发展生产、富裕农民结合起来，走出了一条迈向农业高质高效、乡村宜居宜业、农民富裕富足的新路子。实践证明，乡村建设要以新发展理念为统领，正确处理速度和质量、发展和环保、发展和安全等重大关系，实现农业生产、农村建设、乡村生活生态良性循环。特别是要立足各地资源禀赋、区位条件和发展阶段，围绕产业生态化和生态产业化，因地制宜培育乡村特色优势产业，努力探索生态富民实现路径，着力促进生态优势转化为发展优势、美丽资源转化为美丽经济、公共产品转化为民生福利。

（三）坚持系统观念，统筹推进城乡发展

"千万工程"始终坚持统筹城乡的系统思维，强调构建以工促农、以城带乡、城乡互促共进共同繁荣的城乡融合聚变新机制，着力促进城市基础设施向农村延伸，城市公共服务向农村覆盖，城市资源要素向农村流动，城市现代文明向农村辐射。实践证明，乡村建设要以县域为城乡融合发展的重要切入点，把农村和城市作为一个有机统一的整体系统考虑、统筹协调，充分发挥城市对农村的带动作用和农村对城市的促进作用，着力破除土地、资本、户籍、社会保障、公共服务等方面的体制机制制约，积极推动城乡要素双向自由流动，加快形成工农互促、城乡互补、协调发展、共同繁荣的新型工农城乡关系。

"绿水青山就是金山银山"实践筑牢群众"幸福靠山"

——云南省元阳县文旅融合探索

案例类型：生态文明建设

关 键 词：文旅融合；绿色发展；文化遗产

摘　　要：云南省元阳县依托世界文化遗产红河哈尼梯田，立足资源禀赋，因地制宜深挖地方特色，创新性推广"稻-鱼-鸭"综合种养形式，以"公司＋合作社＋基地＋农户"的经营模式带动群众增收，通过全民参与的"内源式"村集体主导开发模式——"阿者科计划"，实现特色产业发展与世界文化遗产红河哈尼梯田保护的双推进、双丰收。元阳的生态经济模式切实走出了一条生态效益、经济效益、社会效益共赢的发展路子，是"绿水青山就是金山银山"实践的生动典范。

一、背景

元阳县位于云南省南部，全县总面积 2212.32 平方公里，辖 14 个乡镇、139 个村委会（社区）、1234 个自然村，总人口 45.97 万人，其中，乡村人口占总人口的 95.1％，人口密度为每平方公里 207 人，世居哈尼、彝、汉、傣、苗、瑶、壮 7 个民族，少数民族占总人口的 89.7％。元阳县境内资源富集，拥有可开发利用热区土地 60 万亩；生态环境得天独厚，具有"一山分四季，隔里不同天"的立体气候特点；旅游资源独特，坐拥世界文化遗产千年哈尼梯田，是红河哈尼梯田世界文化遗产的核心区。哈尼梯田文化景观先后获得国家湿地公园、国家 4A 级旅游景区、全国重点文物保护单位、全球重要农业文化遗产等多项殊荣，是元阳县乃至红河州最具影响力的世界级旅游品牌。

面对守着"金饭碗"过着穷日子的窘境，红河州和元阳县两级党委高度重视哈尼梯田的保护与发展，持续深入贯彻落实习近平生态文明思想，践行"绿水青山就是金山银山"理念，依托哈尼梯田世界文化遗产"金字"名片，充分挖掘千年哈尼梯田蕴含的致富秘诀，将乡村振兴、传统村落保护、文旅融合发展、农耕技艺传承四位一体同步推进、协调发展。元阳县"阿者科计划"作为中国旅游减贫案例，先后入选教育部第四届直属高校精准扶贫精准脱贫十大典型项目、世界旅游联盟"全球百强旅游减贫案例"，并作为 2020 年唯一案例出席国际会议，向 24 国代表展示成果；被选入央视纪录片《告别贫困》；作为旅游扶贫案例被选入纪录片《中国减贫密码》。

二、项目实施和成效

（一）坚持保护第一，守住哈尼梯田绿水青山

红河哈尼梯田有着 1300 多年的历史，是中国传统农耕文明的独特缩影，是至今仍在发挥作用的活态文化遗产，于 2013 年被联合国教科文组织列入世界文化遗产。多年来，"坚持保护第一，守住哈尼梯田绿水青山"始终是哈尼梯田文化遗产保护工作中的核心命题。红河州及元阳县始终把保护放在第一位置，探索出一条保护与利用共赢的科学发展之路。

一是高度重视哈尼梯田循环生态系统的全面保护。通过制定出台《云南省红河哈尼族彝族自治州哈尼梯田保护管理条例》《红河哈尼梯田保护与发展总体规划（2022—2035）》等条例，将"四域十片区二十万亩"哈尼梯田纳入保护范围，实行最严格的保护管理制度。截至 2023 年底，哈尼梯田遗产区累计恢复生态植被 25.6 万亩，森林覆盖率由 53.5％上升至63.8％，恢复灌溉沟渠 140 余条 451.3 公里。使得哈尼梯田"森林、村寨、梯田、水系""四素同构"的循环生态系统得到有效保护，确保了哈

尼梯田永续利用、生生不息，是践行习近平总书记"绿水青山就是金山银山"发展理念的活样板。

二是深入落实遗产要素保护修复。红河州把传统村落保护、农田水利设施维护纳入遗产区村寨村规民约，恢复沿用"三犁三耙""木刻分水""赶沟人"等传统农耕技艺和水资源管理办法。同时建立哈尼梯田保护区监测站、聘请监测员，通过数字监测与人工监测相结合的方式，加强对森林、村寨、梯田、水系要素的日常巡查、监测力度。通过采取科学有效措施，使森林、村寨、梯田、水系遗产要素得以系统保护，农耕文化得以完整传承，遗产价值得以合理利用，遗产功能得以完整延续。

三是大力弘扬民族文化，传承农耕文明。建成哈尼梯田文化传习馆和430支民族文化传承文艺队，培养非遗代表性传承人164人；实施哈尼古歌传承三年行动计划，重点挖掘了《哈尼古歌》《四季生产调》等一批文化精品，探索出了以"千年哈尼梯田"为品牌、民族文化资源为支撑的文旅融合新路子。"十三五"期间，元阳县成功申报为省级旅游扶贫示范县，2024年1—5月，全县接待游客215.5万人次，带动旅游收入25.98亿元。

（二）重视传承发展，挖掘哈尼梯田致富秘诀

红河州及元阳县认真审视哈尼梯田保护与开发，利用千年哈尼梯田的资源禀赋，在保护哈尼梯田的前提下对千年哈尼稻作系统进行深入挖掘，找寻致富密码，持续推动农业产业的优化升级。

一方面，结合现代市场发展理念，推广"稻鱼鸭"综合种养模式以增加梯田附加值。按照哈尼人千年传统农耕智慧，在秧苗下田以后，按照时间节点养鱼、养鸭，使单一的传统农业水稻收益模式转变为"水稻（红米）＋梯田鱼（泥鳅）＋梯田鸭（鸭蛋）"的综合收益模式，实现"一水三用、一田多收"。从2014年开始，元阳县规模化推进"稻鱼鸭"综合种养模式，同样是一亩田，产值由2014年以前单一种植红米的2000元提高到8000元以上，破解了耕种哈尼梯田不能增收的历史难题，探索出生态

效益与减贫效益相统一的新路径，让"绿水青山"变成"金山银山"。当地群众高兴地说："以前种田收入低，现在发展'稻鱼鸭'后收入比以前高了两三倍，守着梯田能致富。"

另一方面，在推广哈尼梯田"稻鱼鸭"综合种养模式过程中，注重发挥龙头企业带动作用，以"公司＋合作社＋基地＋农户"的形式，培育元阳县呼山众创有限公司和元阳县粮食购销公司等本土龙头企业，发展"稻鱼鸭"及梯田红米等产业带动群众增收。元阳县呼山众创公司通过流转土地付租金、招聘务工付薪金、股份合作付股金、保底收购付底金"四金"模式，与农户形成利益共同体。元阳县粮食购销公司则积极引导和鼓励农户种植红米，通过签订合同、免费发放红米种子、订单收购等方式，按保底价每千克 7 元的收购价优先收购红谷，使农户种植红米的热情高涨。2023 年，元阳县农村居民人均可支配收入 13362 元，同比增长 8.7％；脱贫人口和监测对象家庭人均可支配收入 15507 元，同比增长 17.15％。

（三）推进文旅融合，打通"两山"转换通道

阿者科村是世界文化遗产红河哈尼梯田遗产区五个申遗重点村落之一，是集中反映遗产区森林、梯田、村寨和水系"四素同构"千年哈尼梯田文化的典型村落。为了让绿水青山变成金山银山，让群众脱贫致富，从2018 年开始，元阳县邀请中山大学专家编制"阿者科计划"，深入探索完善村集体领办合作社、全村参与乡村旅游和村庄保护的新路子。

"阿者科计划"实行内源式村集体企业主导开发模式，通过组织村民成立旅游发展公司，并由公司组织村民整治村庄，经营旅游产业，公司收入归全村所有，村民对公司经营进行监管。按照"阿者科计划"分红规则，乡村旅游发展所得收入三成归村集体旅游公司，用于公司日常运营，七成归村民。归村民的分红再按照"4－3－2－1"原则，即按照传统民居分红 40％、梯田分红 30％、居住分红 20％、户籍分红 10％进行分配，以引导和调动村民自发保护好自然与人文遗产景观，传承梯田农耕文化。阿

者科村民小组小组长普计华在接受采访时高兴地说："村民只要住着传统民居，种着梯田，就可以得到相应的分红。"截至 2024 年 2 月，阿者科村共举行九次旅游发展分红大会，共计分红 177.26 万元，户均分红达 27351 元。通过全民参与的内源式村集体主导开发模式，村民与公司形成了稳定的利益联结，激发了村民的主动保护意识，为乡村振兴、传统村落和梯田文化遗产保护，探索一条可持续的旅游发展道路。自 2019 年 2 月实施"阿者科计划"以来，已经形成了以哈尼小镇为中心，辐射带动箐口、黄草岭、大鱼塘、全福庄等周边村寨"一心多点"的乡村旅游圈，打造了阿者科、大鱼塘等 10 个乡村旅游示范村，共发展乡村客栈 266 家，实现年平均经营收入 3000 余万元，带动 1.5 万名群众参与乡村旅游业。村民罗美花以前在省外务工，现在在村里旅游公司上班，每月能领到 1500 元左右的工资，实现了在家门口就业，顾家与赚钱"两不误"；村民高烟苗夫妇过去也外出务工，现在返乡创业，办起了"红稻农家"餐馆，日子越过越甜蜜。2024 年 1—5 月，元阳县共接待游客 215.5 万人次，同比增长 8%，实现旅游总收入 259793.92 万元，同比增长 18%，彰显了哈尼梯田文化旅游的蓬勃生机与无限潜力。

三、经验与启示

（一）发展特色产业要因地制宜

推进乡村全面振兴，必须紧紧扭住产业这个重中之重，依托当地资源优势，大力发展特色产业，让优势资源变成优势产业，让优势产业形成优势经济，通过发展壮大特色产业带动群众增收致富，共享发展成果。元阳县正是充分利用哈尼梯田世界文化遗产资源优势，因地制宜，从传统的"稻鱼鸭"种养模式中探寻致富密码，将这一传统种养模式发展成产业，带动群众增收致富。

（二）发展特色产业要走融合发展之路

乡村产业要发展壮大，必须与时俱进，充分借助现代市场经济，走融合发展之路。元阳县通过培育与稻鱼鸭项目相关的本土龙头企业，加大招商引资力度，引进有实力、有市场网络、能落地生根的企业，全产业链发展"稻鱼鸭"综合种养模式，将资源优势变为发展优势、市场优势，走生产、销售一条龙模式。同时依托阿者科村等特色村寨，利用哈尼梯田世界文化遗产优势，在发展"稻鱼鸭"产业的同时，大力发展乡村旅游，走文旅融合发展之路。

（三）发展特色产业要坚持新发展理念

一方面要坚持"绿水青山就是金山银山"的发展理念，对于生态系统，要始终坚持保护优先。元阳县始终坚持"保护好了哈尼梯田就是保护元阳县可持续发展的根基"的思想共识并付诸实践，把哈尼梯田"四素同构"的生态系统变成了宝贵的自然财富和经济财富。另一方面，要高度重视优秀传统文化的保护与传承，在文化底色的基础上形成内源式的发展，让发展成果惠及更多群众。元阳县正是把世界文化遗产哈尼梯田保护利用与产业发展、乡村生态振兴相结合，以提高农业综合效益为主攻方向，探索内源式文旅融合发展模式，探索了一条具有元阳特色的绿色生态发展新路子。

"说"出来的新变化

——甘肃省陇南市民事直说"1234"工作法

案例类型： 乡村治理

关 键 词： 基层治理；党建引领；共建共治共享

摘　　要： 针对当前基层村社普遍面临的事务繁多、矛盾繁杂、人少事多、任务繁重等方面的治理难题，甘肃省陇南市以基层党组织为核心，引领多方力量，创新推行民事直说"1234"工作法，即"设立一个机构、运用两种方式、瞄准三类问题、采取四种办法"，分别解决"向谁说""怎么说""说什么""怎么办"等问题；通过县乡村联动，政府-群众-社会联动，将组织优势转化为治理效能，实现了基层有活力、管理出实效、群众得实惠的治理目标，形成了共建共治共享的基层治理新路径。

一、背景

随着乡村振兴战略的持续深入推进，近些年我国农村经济社会秩序发生了巨大变迁，乡村组织形式深刻变化、利益格局深刻调整、群众诉求日趋多样，新形势、新特点要求基层治理方式不断创新。为了解决基层治理的复杂性、系统性难题，2018 年 8 月，陇南市两当县畅通民意表达渠道，以民主法治为基础，以村党组织为领导核心，选定 6 个村开始试点"民事直说"工作方法，集中办理群众关心的热点和疑难问题，做到"小事不出村、大事不出镇"，大量矛盾纠纷和实事难事得以快速有效解决。

同时，为了适应农村外出务工人员较多、疫情汛情期间人群不便聚集等情况，两当县站儿巷镇首创开发了"民事直说"微信小程序，各村（社区）把"民事直说"说事会开到了线上，打破了地域限制和信息区隔，大到村里的规划建议，小到邻里矛盾、家长里短，广大群众均可对村情村务实现更广泛地参与、更便捷地办理和更充分地监督。

陇南市委、市政府在总结完善两当县创新实践的"民事直说"工作方法基础上，逐渐摸索出一条"以党建为引领、法治为保障、网格为基础、信息为支撑、创新为驱动"的民事直说"1234"基层治理新路子，推动民情直通、民意直达、民事直办，变被动应对问题为主动发现解决问题，聚焦群众需要、对准现实问题，把矛盾纠纷防范在源头，化解在基层，消除在萌芽，探索出符合基层特征、满足群众需求、实践成效明显的可复制、可推广的基层治理新路径。

二、项目实施和成效

（一）建立"一个机制"，解决群众急难愁盼问题

坚持党建引领，在全市 3160 个行政村（社区）基层组织设立由"两委"班子成员、驻村帮扶工作队员（社区"双报到"党员）、党员群众代表组成的"民事直说委员会"，建立基层党组织领导、民事直说委员会牵头、群众广泛参与和"民事直说"事项全量受理、分流办理、问效处理工作机制，打造公开透明、简便易行、顺畅闭环的群众诉求直报直办、即诉即办工作体系，抓实抓好群众利益协调、权益保障、公共事务等工作，做到让群众"话有处说、苦有处诉、理有处讲、事有人办、难有人帮"。

（二）搭建"两个平台"，畅通群众"诉求表达通道"

采取线上线下方式，打造"群众说事室"和入户排摸"现场说"平台，推广应用"码上扫、马上办"、"民事直说"二维码、"民事直说"微信群等"网上说"平台。一方面，充分发挥宣传教育上情下达"主阵地"作用，组织开展党的创新理论成果宣讲、政策法律法规解读

等"进村入户"和"线上推送"活动,做好教育引导党员群众工作;另一方面,充分发挥社情民意下情上达"直通车"作用,畅通群众"说事通道",做到群众诉求"第一时间"收集掌握、利益问题"第一时间"协调处置、民情民意"第一时间"动态掌握,提升基层社会治理针对性和实效性。

(三)聚焦"三类问题",组织群众"民主参与监督"

围绕"个人的事协调解决""大家的事协商解决""复杂的事协同解决"思路,分别建立科学规范、高效顺畅的协调协商协同工作机制,打造群众参与、群众主导、群众监督、群众评判的民事直说事项办理"阳光工程",既解决群众急难愁盼问题,又整合民智民力参与民主决策。

一是建立"网格员＋调解员＋家庭成员"及时调解机制,对家庭矛盾、生活困难等"家里事","面对面"帮助群众解决困难、答疑解纷、舒缓心结,将矛盾化解在家庭内部和萌芽状态。例如,出于对网格员的信任,陇南市宕昌县茹树村村民马某向网格员拨打电话求助,称其在家中没有地位,心理长期压抑无处排解,家里出现家庭关系不和睦的情况,网格员通过家庭访谈、心理疏解、鼓励马某多多参与公共事务的方式,赢得了家人和社区的理解和认可。

二是建立"民事直说委员会＋综治中心＋N"分级分层调处化解工作机制,对邻里关系、矛盾纠纷等"邻里事",充分发挥村(居)调解委员会和法律明白人等自治组织和力量作用,采取多种手段、会同多方力量,综合协调解决;对复杂疑难问题,发挥平安建设协调机制统筹"兜底"解决,综治中心"平台枢纽"分流转办督促解决,主责单位"认领派单"逐级解决,确保群众"直说事项"调处化解、协调处置到位。

三是建立"基层党组织＋民事直说委员会＋群众参与"工作机制,对基础设施、公共服务、医疗卫生、教育文化、产业发展、村务管理等"村里事"，通过组织召开群众"说事会"议事协商、群众代表跟踪监督推动落实、办结事项公开测评评价，做到"直说事项"办理群众参与、群众监督、群众评判，实现民事民议、民事民办、民事民管。

（四）采取"四项措施"，提高群众"诉求办理质效"

坚持把"说"和"办"统筹起来，对群众"直说事项"分层分类办理、全流程管理。

一是简单诉求"现场直办"。对群众诉求简单、村（居）有能力解决的小矛盾、小纠纷、小问题，现场及时处理、当时反馈结果，切实做到小事不出村（社区）。

二是疑难问题"干部领办"。对情况复杂、涉及面广、多次重复反弹的事项，建立村（居）"两委"班子包抓专办制度，做到问题不解决不松手、矛盾不化解不放过，切实做到"矛盾不上交"。

三是重大矛盾"村镇联办"。根据问题性质和管理权限"吹哨派单"，相关职能部门"报到承接"、限时办结，对乡镇（街道）不能办理的，逐级上报，提请上级部门协调解决，切实做到大事不出乡镇（街道）。

四是直说事项"跟踪督办"。通过"直说"事项及时记录、受理事项限时办理、逾期事项督促提示和办结事项评价考核等配套制度，确保"民事直说"事项做到件件有着落、事事有回音。

民生无小事，枝叶总关情。在群众关心身边事的"说事""办事"中，陇南大地上展开了一幅治理有效、产业兴旺、干群融洽的和美乡村新画卷。仅 2022 年，陇南市共通过民事直说工作收集群众意见建议 3.6 万余条，办理 3.4 万余件，共化解各类矛盾纠纷 8500 多件，全市信访总量、网上投诉、重复信访同比下降 18.01％、20.76％、19.16％。

民事直说"1234"工作法因取得的明显成效，先后获得全国首批脱贫攻坚交流基地、甘肃省 2023 年普法依法治理十大创新案例。

三、经验与启示

（一）发挥组织引领作用是关键

民事直说"1234"工作法充分发挥乡镇和村级党组织的主导作用，发动群众积极参与说事议事，规范村级各项事务决策管理、监督评价的运转机制，群众的态度实现了从最初的质疑、观望到踊跃参与的全面转变。实践证明，充分发挥基层党组织的主导作用，充分调动群众和多方力量，并贯穿于乡村治理的全过程，可以凝聚起推进工作的强大合力。

（二）有效解决矛盾问题是核心

民事直说"1234"工作法通过建立服务群众平台，有效解决一大批诉求和问题，办实事办好事，化解矛盾纠纷，在提升乡村治理能力、维护社会和谐稳定方面发挥了积极有效作用。实践证明，加强党建引领乡村治理，始终坚持问题导向，抓住乡村治理的根本和关键，只要把矛盾和问题解决得了、解决得好，就可以体现出基层治理制度的价值和意义。

（三）推动乡村全面发展是根本

民事直说"1234"工作法围绕畅通表达渠道、解决实际问题，有效改进了农村党组织和基层干部引领农村发展、管理社会事务的工作方法，改善了基层工作作风，提高了农村基层组织的凝聚力和战斗力，推动了乡村全面发展新面貌。实践证明，乡村治理创新必须与党的中心工作相结合，与人民群众利益相结合，与乡村经济社会发展相结合，方可真正取得良好成效。

第三部分

结　语

案例是对现实生活中某一特定情景下的某些现象或事件的客观描述，是将现象或事件与其所发生的情景联结起来的纽带与平台。巩固拓展脱贫攻坚成果案例研究是将案例方法运用于减贫与发展尤其是巩固拓展脱贫攻坚成果的政策、实践描述中，通过对所选取的典型案例中的现实状况、减贫与发展活动、事件或项目进行描述与分析，了解并阐述其形成动因、变化过程及机理，提炼案例所蕴藏的具有可持续性、可复制性的经验和启示，并指出其实现路径、条件和机制。因此，案例研究具有一些独特的优势和作用。作为政策创新的一种推动工具，通过案例研究和分析为某个领域的乡村减贫与发展工作提供有参考价值的政策思路和举措；作为政策推广及其行动议程的一种实现方式，通过总结案例中具有推广性的经验和启示，为更大范围和更广意义上的案例复制提供实施平台。鉴于案例研究的独特优势，我们要特别注重案例开发基础上的分享、传播、宣传、推广等环节，以充分彰显和扩展案例成果的价值和效应，受益于更大范围和空间的群体与机构。为此，我们从国内国际两个层面，探讨案例成果传播的主要举措和做法，为巩固拓展脱贫攻坚成果及其同乡村振兴有效衔接的宣传工作提供有益借鉴和参考。

在巩固拓展脱贫攻坚成果案例的宣传推介上，主要有相关职能部门的业务性宣传、大众传媒的公共性宣传、学术产品的知识性宣传三种路径。

其一，相关职能部门的业务性宣传。案例是对巩固拓展脱贫攻坚成果及其同乡村振兴有效衔接的实践、经验、成效的凝练和总结，为其他县、乡、村提供示范性、参考性的模板和样本，同时通过案例的形式记录巩固拓展脱贫攻坚成果及其同乡村振兴有效衔接的历程，展现脱贫攻坚后接续推进乡村全面振兴可借鉴的经验启示。国家层面而言，利用中共中央宣传部以及农业农村部宣传部门等权威渠道，通过专题研讨会和新闻发布会等形式，宣传推广典型案例成果，扩大其在全国范围内的影响力和公信力，让典型案例的生动实践、先进典型和经验启示"立得住""推得开"。同时典型案例成果利用每年相关节日开展的系列公益活动，推广巩固拓展脱贫攻坚成果、巩固拓展脱贫攻坚成果同乡村振兴有效衔接方面的先进经验和模式，宣传相关人物故事，展示相关的伟大历程和巨大成就。地方层面而言，典型案例汇集全国各地巩固拓展脱贫攻坚成果、巩固拓展脱贫攻坚成果同乡村振兴有效衔接的优秀典型和可借鉴经验，各地结合实际，打造宣传阵地和平台，利用报告会、宣讲会等形式推动案例成果发挥最大功效、惠及更多的地区和群众，让更多的县、乡、村学有榜样、干有方向。同时发挥舆论力量，开展相关的公益活动、集中采访活动、广告等各类巩固拓展脱贫攻坚成果、巩固拓展脱贫攻坚成果同乡村振兴有效衔接以及全面推进乡村振兴等案例成果宣传活动，引导社会各界和公众融入和参与到巩固拓展脱贫攻坚成果、巩固拓展脱贫攻坚成果同乡村振兴有效衔接事业中去。

其二，大众传媒的公共性宣传。案例用客观事实、鲜活事例呈现出巩固拓展脱贫攻坚成果及其同乡村振兴有效衔接的历史性成就，讴歌了其中涌现出的可歌可泣的英雄模范。典型案例成果发挥示范效应，转化为精神力量，需要多渠道、多角度、多方位报道宣传，持续为巩固拓展脱贫攻坚成果及其同乡村振兴有效衔接提供方法指导和精准动力。一是在电视、报纸、墙报等传播媒介开设专版、专栏、专题、专访等形式，推动典型案例宣传常态化。同时充分利用中央电视台、新华社、人民日报等主流媒体讲述典型，提升典型案例的知名度和影响力。二是通过话剧、小品、舞台剧等群众喜闻乐见的文艺形式，用贴近群众的话语和朴实的道理宣传先进典型，让巩固拓展脱贫攻坚成果、巩固拓展脱贫攻坚成果同乡村振兴有效衔接方面的故事走进群众，让典型案例宣传在群众中产生广泛持久感召力。三是拓展宣传推广路径，全面整合传播渠道和资源。新媒体和自媒体迅速发展促使传播渠道多元化、大众兴趣点多样化，巩固拓展脱贫攻坚成果、巩固拓展脱贫攻坚成果同乡村振兴有效衔接等成果的宣传充分利用新媒体和自媒体平台，打破传统媒体和新媒体宣传形式之间的隔阂和壁垒，挖掘整合传播渠道和资源，实现宣传效果的最大化，让典型案例的传播更具时效性、穿透力，形成多元传播、广泛覆盖的宣传合力。在实际操作层面，可充分应用新一代信息技术，将"线下"与"线上"有机结合起来，全方位、立体化展示中国减贫与乡村振兴经验。其中，"线下"方面，以"世界视野、中国特色"为基点，建设中国减贫与乡村振兴分享智慧馆，系统总结新中国成立尤其是改革开放以来中国共产党团结带领人民群众与贫困做斗争的发展历程、主要特点、伟大成就、历史意义，提炼中国减贫与乡村振兴的基本经验、当代启示与国际价值，向世界尤其是广大发展中国家分享与交流中国减贫经验和发展知识。"线上"方面，依托与运用人工智能、大数据、5G、扩展现实（XR）、数字孪生等信息技术和工具，打造中国减贫与乡村振兴数字馆，将中国减贫与乡村振兴历程、成就、经验以三维的方式鲜活、生动地呈现出来，把真实展示与虚拟实境结合，实现参观者身临其境的体验感以及远程浏览的功能，扩展"线下"智慧馆的空间，提升中国减贫与乡村振兴分享与传播的广度、深度和力度。

其三，学术产品的知识性宣传。案例不仅重视经验层面的传播推广，同时坚持学术性宣传并重，既要重视实践总结提炼，也要重视理论创新提升。业务性、公共性宣传从大众性视角呈现典型案例，通过大众媒体讲述典型故事，传播典型经验。知识性宣传从研究性视角对典型案例成果总结凝练，挖掘背后的理论逻辑，推动构建中国巩固拓展脱贫攻坚成果及其同乡村振兴有效衔接的学术话语和理论话语体系。一是挖掘典型案例的学术价值，从学术性角度，对先进经验和典型做法进行深入思考和理论观照，把实践经验转化为学术产品。以学术著作、期刊文章、研究专栏等形式深化典型案例认识，典型案例转化的学术作品和咨询报告以其科学性、客观性为脱贫攻坚政策的制定提供有力支撑。二是以学术会议和研讨会为平台，对典型案例成果综合研讨，吸收不同学科、不同领域专家的观点和见解，从不同学科视角开发案例成果，进一步挖掘案例的学术价值和学术意义，增强案例宣传的知名度和权威性。以学术性的语言宣传典型案例，从典型案例中获得启发能够将实践转化为政策和理论，更好地为全球减贫与发展事业贡献中国智慧和中国方案。

在巩固拓展脱贫攻坚成果案例的国际分享上，可采用与国际组织合作开发、实施案例评选活动、开展案例外译工作三种方式。

其一，与国际组织合作开发。贫困问题是世界性难题，反贫困是全人类共同愿望。中国在此方面作出了卓越的贡献并取得了瞩目成就。新时代中国继续探索巩固拓展脱贫攻坚成果及其同乡村振兴有效衔接的实践过程，对此进行的经验总结和多样化的模式总结具有普遍性和可推广性。中国作为世界减贫事业的积极倡导者和有力推动者，主张国际减贫合作，注重与其他国家经验和实践分享，推动全球减贫事业的发展。典型案例作为脱贫攻坚胜利后，巩固拓展脱贫攻坚成果及其同乡村振兴有效衔接的探索与总结成果之一，通过与国际组织合作，传播中国减贫模式、减贫理念和经验。一是利用南南合作减贫知识分享平台、中国—东盟社会发展与减贫论坛、中非合作论坛、上海合作组织减贫和可持续发展论坛等活动，展现典型的实践历程、模式、人物故事等，把中国的经验和启示传播推广到世界其他地方，展示大国形象，为全球的减贫治理、乡村振兴提供中国方案和中国智慧。南南合作减贫知识分享网站（http：//south. iprcc. org. cn/）是一个分享国际减贫信息和中国扶贫开发经验的专业平台，为各国政府部门、科研机构等关注和从事减贫工作的群体及公众提供减贫与包容性增长等方面的最新研究成果、国家概况、减贫新闻、专家意见、研究趋势、减贫信息等信息服务。2017 年，南南合作减贫知识分享网站上线"中外减贫案例库及在线分享平台"，通过发布减贫案例、相关研究、政策及法规，向世界各地的使用者分享中国和国际成功的减贫模式及创新实践。中国—东盟社会发展与减贫论坛、中非合作论坛、上海合作组织减贫和可持续发展论坛，都是连续举办的系列论坛，以双边或多边为单元，交流各国减贫经验和挑战，寻求推进区域性或国际性减贫与发展交流合作的有效途径。中国也一直以开放包容的态度致力于广泛、务实的减贫与发展合作，有效促进与广大发展中国家交流分享减贫与发展经验，为全球减贫与发展事业发展贡献中国智慧。二是举办或参与国际或区域性会议，交流和传播中国典型案例，向世界讲述中国巩固拓展脱贫攻坚成果及其同乡村振兴有效衔接以及全面推进乡村振兴的典型经验故事，传递中国减贫声音。通过举办和出席国际或区域性会议，逐步建立高级别的合作对话平台，促进合作理念，共享经验，为构建人类命运共同体发挥积极作用。如 2023 年 3 月，由中国外文局、云南省人民政府、中国公共关系协会、中国人民大学共同主办的 2023 减贫治理与全球发展（怒江）国际论坛在云南省怒江傈僳族自治州举行。来自 20 个国家和联合国等 4 个国际组织的 190 多位驻华使节、政府官员和专家学者围绕"共绘乡村振兴新蓝图共享全球发展新机遇"主题展开深入探讨，交流减贫治理与乡村建设经验，共谋世界现代化建设与可持续发展之道。论坛发布了《从脱贫攻坚迈向乡村振兴：中国的实践路径和世界意义》研究报告，以"DREAM"模型向世界阐释了中国巩固拓展脱贫攻坚成果同乡村振兴有效衔接的经验做法，并分析了该模型对于世界各国减贫与发展的借鉴意义。三是以教育培训、人才培养和学术研究为依托，开展国际减贫与发展交流合作。国家相关主管部门通过宣传倡导、政策支持和经费资助等方式，建立中国减贫与乡村振兴国际化分享的长期机制，探索设立国际减贫交流合作科研成果和文艺作品奖项，促进我国减贫理论研究、成果应用和人才队伍建设，鼓励高等院校和科研院所开展国际减贫交流合作课题研究，鼓励以中国减贫与乡村振兴为主题的学术著作、文学作品、影视作品等的创作和传播以及外译工作，多渠道、宽领域合力推动国际减贫交流合作向纵深发展。

其二，实施案例评选活动。案例成果汇集中国巩固拓展脱贫攻坚成果及其同乡村振兴有效衔接的实践历程、先进经验，同时需要面向全球征集典型案例，实施典型案例评选活动，让中国的经验"走出去"，把世界的经验"引进来"，凸显中国的政治优势和制度优势，提高中国国际话语权和国际影响力。一是实施全球减贫与发展案例征集评选活动。中国积极推动开展典型案例的征集活动，在全球范围内征集典型做法、可推广模式和减贫故事等，激发全球范围内的知识分享和思想交流。通过公平客观的评选，汇聚国内外典型的成功实践，将优秀的案例成果向全球推广，为其他国家和地区提供有益借鉴。2018 年起，为推广分享中外减贫成功实践，推动"共建没有贫困、共同发展的人类命运共同体"，中国国际扶贫中心、中国互联网新闻中心、世界银行、联合国粮食及农业组织、联合国世界粮食计划署、国际农业发展基金和亚洲开发银行等 7 家机构联合发起了"全球减贫案例征集活动"，向全球减贫和发展领域工作的组织和个人征集优秀减贫案例，旨在以案例为载体，推广分享国内外减贫的成功实践。截至目前，活动已开展了四届，征集到 2700 余篇案例，评选出 424 篇优秀案例，涉及 67 个国家和地区，并从首届活动的最佳案例中精选出若干个案例汇编出版《全球减贫案例集 2021》《全球减贫案例集 2022》《全球减贫案例集 2023》，在"全球减贫伙伴关系研讨会"上向全球发布。目前，第五届案例征集活动已正式启动。二是利用国际论坛、学术研讨等形式开展典型案例表彰活动，扩大典型案例的影响力。中国积极参与案例征集、评选和宣介活动，以案例为载体，将中国巩固拓展脱贫攻坚成果及其同乡村振兴有效衔接的过程、内容、效果、经验等成功实践向全球传播推广，为世界其他国家和地区传播推广中国的新方法和新理念。

其三，开展案例外译工作。案例成果面向全球，需要充分考虑国际受众因素，推动中国巩固拓展脱贫攻坚成果及其同乡村振兴有效衔接的实践和经验传播推广走向国际化。开展典型案例外译工作，以典型案例为载体，通过知识产品开发、翻译、分享等方式，推动中国巩固拓展脱贫攻坚成果及其同乡村振兴有效衔接实践走向世界，促进中国与发展中国家的合作。一是积极开展典型案例成果、典型故事、学术性产品、研究报告等内容的翻译工作，构建稳定长效的对外宣传话语体系。不仅拓宽中国在巩固拓展脱贫攻坚成果、巩固拓展脱贫攻坚成果同乡村振兴有效衔接获得的成果传播推广，而且让中国典型经验和做法因地制宜地被借鉴和吸收。二是积极探索运用国际媒体和大众传媒，传播中国的乡村振兴之声。全面、客观地向其他国家大众媒体讲述中国的实践和经验，有意识地影响他国媒体的报道向中国典型案例倾斜。从大众传媒的视角，在其他国家传播推广典型案例成果，进而影响中国典型经验对外国民众和政府的吸引力，尤其是欠发达国家和地区。典型案例的开发、翻译在其他国家地区推广，成为其他国家地区可借鉴的模板，为构建人类命运共同体产生积极作用。

参　考　文　献

顾益康，2021."千万工程"与美丽乡村［M］.杭州：浙江大学出版社.

国务院扶贫办，2019.中国减贫奇迹怎样炼成：脱贫攻坚案例选［M］.北京：研究出版社.

刘靖北，2021.全国基层党建创新典型案例 第五辑［M］.北京：党建读物出版社.

刘俊文，邹德文，2021.中国样本：精准扶贫经典案例国际分享［M］.武汉：湖北人民出版社.

农业农村部农村合作经济指导司等，2019.全国乡村治理典型案例（一）［M］.北京：中国农业出版社.

农业农村部农村合作经济指导司等，2020.全国乡村治理典型案例（二）［M］.北京：中国农业出版社.

农业农村部农村合作经济指导司等，2021.全国乡村治理典型案例（三）［M］.北京：中国农业出版社.

农业农村部农村合作经济指导司等，2022.全国乡村治理典型案例（四）［M］.北京：中国农业出版社.

农业农村部农村合作经济指导司等，2024.全国乡村治理典型案例（五）［M］.北京：中国农业出版社.

农业农村部农村社会事业促进司等，2020.全国农村公共服务典型案例［M］.北京：新华出版社.

全国扶贫宣传教育中心，2021.巩固拓展脱贫攻坚成果典型案例选编［M］.北京：党建读物出版社.

中共中央党史和文献研究院，2018.习近平扶贫论述摘编［M］.北京：中央文献出版社.

中共中央党史和文献研究院，2019.习近平关于"三农"工作论述摘编［M］.北京：中央文献出版社.

中共中央党史和文献研究院，2022. 论"三农"工作［M］. 北京：中央文献出版社.

中国扶贫发展中心，2022. 巩固拓展脱贫攻坚成果同乡村振兴有效衔接优秀案例选［M］. 北京：中国文联出版社.

中国扶贫发展中心，2022. 巩固拓展脱贫攻坚成果衔接乡村振兴典型案例选［M］. 北京：中国文联出版社.

中国国际扶贫中心等，2021. 全球减贫案例集 2021［M］. 北京：知识产权出版社.

中国国际扶贫中心等，2022. 全球减贫案例集 2022［M］. 北京：知识产权出版社.

中国国际扶贫中心等，2023. 全球减贫案例集 2023［M］. 北京：知识产权出版社.

中央农村工作领导小组办公室，2023. 习近平关于"三农"工作的重要论述学习读本［M］. 北京：人民出版社.

图书在版编目（CIP）数据

巩固拓展脱贫攻坚成果典型案例国际分享 / 刘俊文
主编. -- 北京：中国农业出版社，2025. 3. -- ISBN
978-7-109-33165-5

Ⅰ. F126

中国国家版本馆 CIP 数据核字第 20255HP342 号

巩固拓展脱贫攻坚成果典型案例国际分享
GONGGU TUOZHAN TUOPIN GONGJIAN CHENGGUO
DIANXING ANLI GUOJI FENXIANG

中国农业出版社出版

地址：北京市朝阳区麦子店街 18 号楼

邮编：100125

责任编辑：郑　君

版式设计：小荷博睿　　责任校对：吴丽婷

印刷：北京中科印刷有限公司

版次：2025 年 3 月第 1 版

印次：2025 年 3 月北京第 1 次印刷

发行：新华书店北京发行所

开本：700mm×1000mm　1/16

印张：9.25

字数：123 千字

定价：68.00 元